脫離悶職場不卡關，小資生活永保安康

門 昌央◎著
張婷婷◎譯

土壇場を切り抜けるワルの法則

上班族必學！
化解尷尬維持好印象，
才能留下老闆的面子、
客戶的金子！

※本書原名《不尷尬！冏時刻的脫身法則》，現易名為《脫離「冏」職場不卡關，小資生活永保安康：上班族必學！化解尷尬維持好印象，才能留下老闆的面子、客戶的金子！》。

目錄

第一章

人生到處都有冏時刻

突然被迫面對冏時刻 010
無法預測的冏時刻與可以預測的冏時刻 011
不可抗拒的冏時刻與自作自受的冏時刻 012
日常生活及職場生活是冏時刻的連續 014
撞見不該看的場面，目擊者面臨冏時刻 015
說上司的壞話不小心被聽到，該如何是好？ 017
在公司內或公司外的聚會中不小心惹出麻煩 018
說出非本意的話造成的冏時刻 019
說溜嘴而面臨冏時刻 020
鬼迷心竅當了色狼，或順手牽羊 022
放屁生瘡不擇處所。怎麼會是這時候！ 023
人有時會因為一些微不足道的小事，而使人生前功盡棄 024

有出息的人、能幹的人，能有技巧的度過這些小難關——025
在冏時刻的爆發力！只要有心，智慧就會湧現——028

第二章

在公司裡的冏時刻

說上司的壞話，結果本人正好走到你旁邊——032
迫於當時形勢，不小心說出要辭職——034
在酒席間打了上司——039
寫了上司壞話的電郵不小心流入職場——044
趴在桌上睡覺的時候，被主管發現——047
在咖啡店摸魚的時候，被上司看到——050
上司硬要塞工作給你——053
上司突然戴著假髮來上班——055
上司的假髮在你面前歪掉——057
上司勸你戴假髮——060
上司硬要幫你安排相親，真傷腦筋！——063

在公司上廁所時，聽到別人在說自己的閒話，想出來又出不來——067
開會時突然很想放屁——071
開會中，不停的打嗝——073
糟了！會議中好想睡覺！——075
會議中突然鼻血流不停——077
宿醉，結果整個臉腫得像豬頭——079

第三章 在客戶那裡遇上冏時刻

重要的簽約時刻眼看就要遲到了——082
和素未謀面的人約好碰面，卻忘了帶手機——089
發現跟客戶約的時間重疊了，不得不取消一個——091
到了約定的時間對方卻遲到了——093
忘了約好要再打電話確認——095
有人向你道謝，你卻完全想不起來他是誰——098
美女上司在電梯裡放了一個又臭又響的屁——104

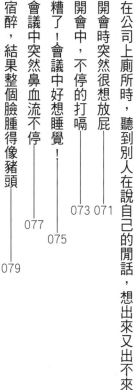

招待客戶打高爾夫球的早晨，卻因前一晚的酒氣仍在而無法開車，慘了！ 107
第一次見面卻忘了帶名片 111
寫電郵給上司或客戶，卻把收件人的名字打錯了 114
以電郵致歉，結果對方回了一封怒氣沖沖的信 117
沒有惡意，卻在無意之間說出失禮的話 119
通勤時在擁擠的捷運中沾到口紅，但今天要直接去客戶那裡，真糟糕！ 121
客戶暗示要你收受回扣 124
跟重要客戶應酬時，把對方的拿手歌曲給唱掉了 126
客戶提出無理的要求，而且很難拒絕 128
在客戶那裡作簡報，假髮卻歪了 130
在客戶那裡閃到腰 132

第四章

生活中的冏時刻

差點就被當成色狼逮捕 136
在捷運上，看到有女性遇到色狼 141
在馬路上突然被歹徒襲擊 143
被不良份子纏上 145
有人來向你借錢 148
恩人來拜託你當借款的連帶保證人 151
守靈之夜，笑意湧現，忍不住笑場 155
上香時，腳麻了站不起來 157
因為超速被開罰單，還被吊扣駕照 159
魚刺鯁在喉嚨 161
吃年糕時噎住了 163
被診斷出罹患癌症，而且只剩三個月壽命 165

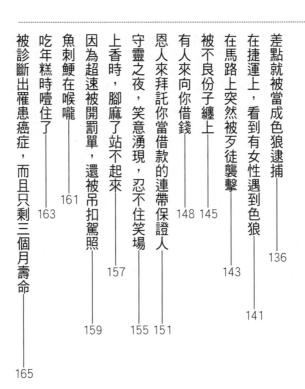

第五章

在慾望盡頭面臨罔時刻

到風化場所玩，卻落入警方手裡——170
賓館失火了——173
和女性下屬從賓館走出來時，遇到男性下屬——176
撞見上司和女同事從賓館走出來！——180
被女上司強迫發生性關係——186
被女同事到處亂傳「他硬要追我。」——191
搞外遇被看見，還被拍了照片以電子郵件流傳——194
因為陰道痙攣而劇痛——196
外遇或偷腥時當場被逮——198
被妻子碰見自慰的場面——200
喝醉後跑去嫖妓，結果擔心會染病——203
喝醉後和男人上了床，很擔心會懷孕——205
在公司裡搞外遇，結果老婆鬧到公司來——207
不小心得了性病，而且可能已經傳染給妻子了——209
在捷運中突然想吐——211
上高級酒店消費，發現女兒竟在那裡上班——213

第一章

人生到處都有冏時刻

突然被迫面對冏時刻

當發生意料之外的事而被迫面臨冏時刻時，人們往往會怨嘆，「我一直都這麼認真過日子，從沒有給誰添過麻煩，為什麼會這樣？」

忿忿不平，大嘆沒有天理；也有人怨天尤人，恨這世上難道沒有神佛。

像我這麼認真的人，卻偏偏遭逢這種事，那個老是渾渾噩噩混日子的傢伙卻不會遭遇任何不幸，還那麼悠哉的過日子，這個世界真是太莫名其妙了。

神或佛，要說有，可能也真的有；要說沒有，可能也沒有吧。

無論如何，現實人生原本就充滿了不

合理和沒道理的事。也可以說，人生本來就沒什麼道理。

實際上也曾有人在車站月台上或樓梯上和人擦撞，被撞飛後摔落，結果就這麼撒手人寰。

明明是因為對方突然衝過來才撞到，錯在對方，自己卻被怒斥，「臭小子你搞什麼？」並且被痛扁一頓。

還有綠燈時過馬路，卻被橫衝直撞的車輛輾過；或者被人誤會是色狼；又或者為公司發生的醜聞背了黑鍋，因而被迫辭職；人生就是有許多像這樣生死關頭突然來到眼前的時刻。人生，就是這麼回事。

無法預測的冏時刻與可以預測的冏時刻

整體來說，這些冏時刻可以區分為幾種。

有些冏時刻無法預測，但也有可以預料的情況。被宣告裁員、妻子突然說要離婚、妻子帶著孩子離家出走、跟蹤狂揮舞刀子撲過來說要殺了你、在車站突然被素未謀面的人痛毆，或者是行駛到十字路口，明明是綠燈卻忽然有老人衝出來，踩了煞車卻仍來不及……，這些宛如晴天霹靂的事情就是無法預測的。另一方面，也有可以預料的冏時刻。

比方說，明明被醫生警告，「你太胖了，還又抽菸又喝酒的，再這樣下去會心肌梗塞或腦中風喔！」但聽了之後卻依然我行我素，照原來的生活方式過活。某一天，突然嘴角麻痺，無法言語，也就是腦中風發作。雖然這是可預期的，卻因為太小看後果，終於得面臨生命的最後關頭。

又或者，借了錢卻遲遲不還，被債主說，「這樣下去的話，我會去找你們公司的會計扣你的薪水。」結果你還是不當一回事，僥倖的想，「應該不會真的找上門來吧。」殊不知幾天之後對方真的找上門來，還說要會同你的上司一起好好談談。

債主是如此緊迫盯人，若欠錢不還被公司知道了，可就不妙了，這分明是可以預期的結果，卻被你忽視。

不可抗拒的冏時刻與自作自受的冏時刻

這些冏時刻有的是不可抗拒，也有的是自找苦吃。捷運或飛機等交通事故及遭遇地震等等，屬於不可抗力，這些大多是難以預料的。

另一方面，如同前述，債務堆積如山而遭到催討的情況，就是自己造成的，這是自己的責任，也可以說是自作自受。

在職場上，也會發生被迫面對生死關頭的情況。

例如：因為公司要結束某個部門，因而被告知解雇的情況，就屬於這種。

小一點的事件是，手上的工作已經十萬火急了，上司卻又命令你去做其他工作，這便是被迫面臨冏時刻。明明沒有結婚的意思，上司卻執拗的勸你去相親，這也是被迫做出最後決定的情況。

有時則是因為他人的毀謗，而被逼到絕境，像是有人到處放話說你意圖性騷擾，或說你跟廠商拿了回扣，或者說你講上司壞話等惡意的流言，將你逼到死路。以上都是因為他人陷害而被迫面臨生死關頭的情況，但即使在沒有惡意的情況下散播謠言，只要是傳得跟真的一樣，最後也會使你的處境岌岌可危。

只不過，有些冏時刻卻分不清究竟是不可抗力，還是自作自受。

例如，突然被公司解雇。雖然這是因為公司準備縮小營運規模而被迫面臨的結果，但如果公司對你的評價向來不高，那這件事某程度上你也算是自作自受。

日常生活及職場生活是冏時刻的連續

也有些重大的冏時刻會直接危及生命或事業、財產。

比方說，當人家的保證人，結果導致房子被拍賣；突然被裁員；因為偽造食品的產地或保存期限被發現，公司因而倒閉所以被解雇；搭乘的捷運脫軌；又或者在街頭突然被持刀的莽漢襲擊等等，這些都是會直接危及生命或事業的重大時刻。

然而，日常生活中或事業上的冏時刻，不全然都是這種重大的事件，而是充滿許多小小的冏時刻，甚至可以說生活就是小冏時刻的連續。

比方說，睡過頭、捷運誤點，而使你上班或跟客戶的約會可能遲到；不經心的一句話，惹惱了課長；本來想讚美女同事的，卻被當成性騷擾引發騷動；在公司裡搞婚外情好像被發現了；客戶拿回扣給你等等。

基本上，這些事情本身並不會對生命或事業、財產造成嚴重影響，但如果課長對你印象不好，就會阻礙升遷。雖然是上司硬要塞工作給你，但若拒絕的話，上司就可能會因此對你留下壞印象，而導致考績不佳；若被傳說會對人性騷擾，也會阻礙到職涯發展吧。

只因為是小小的囧時刻就輕忽掉，就有可能會因此演變成重大危機。

撞見不該看的場面，目擊者面臨囧時刻

撞見什麼是很可怕的，非常可怕。一旦看到，那樣的情景無論睡覺或醒著都會浮現腦海，揮之不去。

比方說，在思春期偶然撞見別人在做愛做的事，於是乎，那個景象便深深烙印在腦海，無法抹滅。無論何時那個畫面都浮現在眼前，怎麼抹也抹不掉，也無法逃避，一旦逃開了它又會回來。明明是考生，需要全心為考試衝刺，內心卻狂亂不已，啊，真是惱人啊。

又或者，在火車上如廁時，看到綠色的燈亮著，於是就把門打開，結果裡面有位年輕女性正在使用中。兩人四目交接，彼此都小聲的「啊！」了一聲。對方很焦慮，你也是一樣。

碰巧撞見別人的祕密是件很恐怖的事。對於被撞見的人而言是囧時刻，不小心看到的這一方，也是一個窘。

赫然撞見上司帶著女性部下從賓館走出來！雙方都很震驚，不敢相信自己的眼睛。上司的慌張直接表現在他的神情態度上。眼神游移不定，似乎想說些什麼，卻又語無倫次，完全聽不懂。

你自己也很驚訝，卻不知該作何表情、不知該如何反應才好。

諸如此類的情況在生活或是職場上倒是很常見，比方說，時間很晚了才跑回辦公室，推開門、打開電燈，卻看到上司和女同事兩人慌慌張張的分開，真是驚人的場面。

以對方來說是個冏時刻，對自己而言，某種意義上又何嘗不是。不能因為自己是撞見的一方就斷言自己不是弱勢者，這樣會很棘手、很難處理。

偷情時被自己的部下撞個正著，上司認為自己被抓住弱點，這樣下去將威脅到自己的地位，也許會對該部下施加權力騷擾，故意找他麻煩，或者把他調到其他單位去，也可能會將他列入裁員名單之中。

不小心撞見他人祕密的話，會不會導致不良後果，端看你如何處理。

如果能靈巧機智的應對，也許會成為出人頭地的契機，要是應對得不好，也許就要擔心會被革職。

說上司的壞話不小心被聽到，該如何是好？

所謂禍從口出。

比方說，叫上司的綽號、說上司的壞話，或者消遣上司時，卻被當事人聽見了，這種事情實際上也會發生。即使不是說壞話，而是正在聊一些謠言時，當事人卻出現了，這在公司裡也是屢見不鮮的場景。

或者是，在自己的座位上，無意識的喃喃自語著，「那個笨蛋主管！只會把自己不想做的工作推給我！」結果那個上司不知何時已經站在你的位子旁邊問道，「笨蛋上司是說我嗎？」

什、什麼跟什麼嘛。

你看，這小小的冏時刻，多麼糟糕。該怎麼辦！該怎樣才能順利脫身？

在公司內或公司外的聚會中不小心惹出麻煩

在公司裡，或是在外面和同事聚會時，一不小心惹了事，這種情況也是常有的。不是故意的，但當時就隨著情境或氣氛，無意識的惹出麻煩，這在現實生活中確實是會發生的。

與同事一起去喝酒，席間和上司爭論起來，最後被上司說了句，「像你這種傢伙還是趕快辭職吧！」一時氣昏頭便脫口而出，「誰想在你這種無能上司的手下做事？神經病。辭就辭，這種公司，我也不想幹了。」

像這樣，對方挑釁你，結果你也隨之起舞。根本不是真心想辭職，只是因為當下的情勢加上喝醉了，便整個脫序演出，但第二天清醒後，就開始懊惱自己為何說出那種話來，討厭那樣的自己，實在是悶透了。

根本不想辭職，卻遇上這可能會丟掉工作的冏時刻，究竟該如何脫身呢？

說出非本意的話造成的冏時刻

我曾有過一次慘痛經驗，原本想稱讚在工作上逐漸失去自信的朋友，給他一點鼓勵，於是對他說，

「其實你也挺優秀的，請多加油喔。」

結果那人從此和我斷絕往來。

雖不算是摯友，而是工作上認識的朋友，大我兩三歲，是個非常有個性的前輩，帶點藝術家氣息，也因此對實務工作很不拿手。明明是向他表達敬意，嘴上卻不由自主說出「也挺優秀」這樣的話來，確實是不太妥當，但我接下來也沒有好好

解釋一番。所以自此之後，對方的態度就變了，對我十分冷漠。

相信有很多人也曾有過這種失言的經驗吧？

什麼會說出這種非本意的話來呢？好像除了鬼使神差之外，不知該做何解釋。依據精神科醫生小田晉的著作所言，所謂的失常行為，除了說錯話、唸錯字或健忘等之外，還有這種失言的狀況，而這些行為其實有些是潛意識驅使的。

根據佛洛伊德的理論，無意識的前一個階段為潛意識，也就是說，即使現在是無意識的，也會意識化。存在於潛意識階段的想法，會在鬼使神差的那一瞬間出現。

雖說是著了魔才會說出驚人之語，但話只要一出口，就如同覆水難收。這樣的關頭，要如何脫身才好？

說溜嘴而面臨冏時刻

說溜嘴和說出非本意的話有點差別。

和一些無須特別提防的同事們聊到公司裡的婚外情時，卻不小心說溜嘴，

「這件事到現在好像還是個大祕密呢，聽說我們經理十年前曾和客戶A公司的老闆女兒搞過外遇，而且據說鬧到後來差點就做不成生意，還是現在的董事長出面替他收拾善後的呢。」

這天大的祕密被你不小心說出口了！說完之後自己也後悔，覺得這下完蛋了！但是為時已晚，謠言飛快的在公司內傳了開來。

之所以會說溜嘴，是因為平時心裡就這麼想。雖然知道不能說、別說出來比較好，但不知怎麼的一時口快，就這麼講出來了。明知道不該講，但也許就是太意識到這一點，反而脫口而出。

還有，只是隨意閒聊，卻因為不了解對方的狀況，說出傷害對方的話，而使對方感到不快，這種情況也是有的。

不論哪一種，都很糟糕。有些情況也可能會觸怒對方，進而暴力相向。又不能說自己只是不小心說出口，也不能胡謅瞎掰找藉口搪塞，而使對方感到不快，這種時刻又該如何是好？

鬼迷心竅當了色狼，或順手牽羊

當了色狼或順手牽羊的人，有時會說，「我自己也不知道為什麼會做出這種事。」這經常是累犯的脫罪之詞，但實際上有些時候確實不是託詞。

但是，到底為什麼會做出這種事？簡直像是被鬼迷了心竅。

逢魔時刻（意指天色昏暗、鬼魅出沒的時刻）便是其一。深夜二、三點時，喝完酒走在路上，被捲入案件或意外，就是因為時間的緣故。如果早早回家睡覺，應該就不會遇到了吧。被捲入糾紛、被毆傷，又或是打了人、被當成暴力現行犯逮捕，卻連自己都不敢相信自己竟然會打人。

實際上，人生常有著魔的時候。

在書店順手牽羊；在捷運上摸了女生的屁股；喝醉之後，半開玩笑的對一個長得也不怎麼好看的女性索吻。

類似的事情不只會發生在男性身上，女性也會。藉酒澆愁而突然慾望燃燒，結果帶了一個也不怎麼體面的男人回家過夜。哎唷，怎麼又來了？

喝醉的時候，大腦的束縛被解除，精神鬆懈下來，容易變得豪氣而忠於本能，故而會做出清醒時絕不敢做的事情，因此酒席之間肯定有惡魔棲息。

然而，清醒時偶爾也會說出自己不敢置信的話，就如同說出非本意的話一般，是遭鬼迷了心竅。

放屁生瘡不擇處所。怎麼會是這時候！

日本有句古諺，「放屁、生瘡，不擇處所。」好不容易才有約會的機會，結果吃飯時竟然打了一個很大的嗝。

緊急會議當中，「噗——」的放了一個響屁。守靈之夜，僧侶正在誦經的莊嚴時刻，四周寂靜無聲之際，你「噗」的來了一屁，簡直就像在說，「百種說法，根本是屁」。

肇事之人對自己竟然搞出這種飛機必定會覺得，「怎麼會這樣？不會吧！」而非常焦慮。如果聲音很小，即便飄出惡臭，還可以裝作若無其事，矇混過去，但如

果是驚天一屁，那麼就算想要混淆視聽也沒辦法。

而聽到的人其實不知道發生了什麼事，可是實在很好笑，萬一忍不住笑出來，那可就……。

對放屁的人來說這是個冏時刻，而聽到屁聲不小心噗哧笑出來的人也面臨了冏時刻。那麼，這時該怎麼辦？

人有時會因為一些微不足道的小事，而使人生前功盡棄

人生在世，有時候會因為一些微不足道的小事，而前功盡棄、損失慘重。

喝醉酒打了上司，因而離職；又或者是和上司爭論，於是他講一句你就頂一句，最後便脫口說出「這種公司我才不想待」這樣的話來，搞得自己無路可退，只好辭職。

誰知在那之後無論如何四處奔走，都無法找到工作，經濟方面因此出了問題，於是，老婆帶著小孩跑回娘家，還寄了離婚協議書來；不只如此，房租也付不出來，最後變成街頭遊民。這種情況在現實生活中也是有的。

也有男人只因說錯一句話，一句無心之言，而被老婆要求離婚。

因為不經意的發言而致命最典型的例子就是政治家。不論是有心還是無意，有些政治家只因措辭不當招來輿論攻擊，很快就被迫辭職下臺。

洶湧人潮中，不小心與人擦撞，只因為隨口說出「臭小子」，結果引來對方暴力相向而喪失性命的，實際上也曾發生過。

人生前功盡棄也就罷了，若連命都賠上就可怕了。這豈是簡單一句鬼迷心竅就可以說分明的？當然不可能。

那麼，因一句不經意的話逼到絕境的時候，該如何躲避、如何全身而退？

有出息的人、能幹的人，能有技巧的度過這些小難關

事實上，這些小小的冏時刻在人生當中，特別是工作生涯中具有相當重要的意義。

有出息的、能幹的人，都能清楚察覺到這些小難關的重要。但另一方面，在沒出息、成不了大器的人之中，有很多人是完全無法體認到其重要性。

比方說，發簡訊給上司或客戶，卻弄錯對方的公司名稱或聯絡窗口的姓名這種小小的難關。如果連這些小事情都做不好，就會被貼上不合格的標籤，甚至視情節大小，還有可能會斷送自己的前途。

然而，越是成不了氣候的人，對這種難關的意識就越薄弱，被對方以簡訊指出錯誤時，竟然也是以簡訊道歉，這無非是在對方的怒火上加油，可說是完全缺乏危機意識。

今日的工商社會守法意識高漲，也許是因為人權意識提升了，道德標準也變得嚴格，所以也加強了對員工的監督。

不僅是在公司內部，在社會中也一樣，以前陪個笑臉就能解決的事情，現在可能會被解雇，甚至被當成罪犯逮捕。

也有人因為酒醉駕駛被逮捕而被公司開除；遲到累犯因為出勤狀況差遭到解雇；過去在公司內對女職員說「某某小姐，妳今天特別漂亮喔。」可能是讚美，而如今卻有可能被當作是性騷擾。

另外，本來說「你啊，到底什麼時候才能獨當一面呢？乾脆辭職怎麼樣？我看你不適合待在這家公司吧，趁現在趕緊辭職對你會比較好喔。不然這樣下去，很快

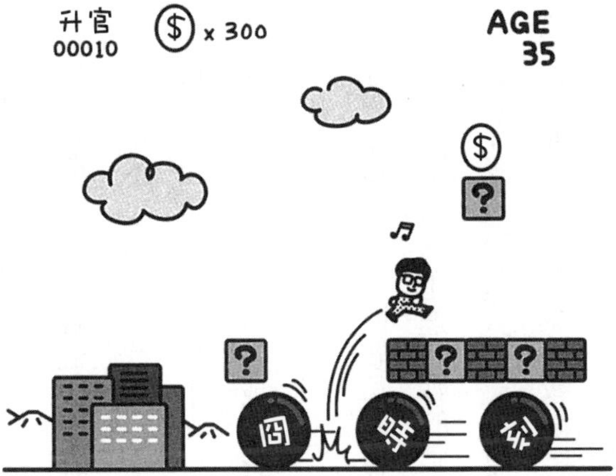

你就會被後面近來的田中和山田超越了。」這些訓斥的話，其實是為了激勵部屬的，結果對方卻向公司投訴說你權力騷擾，這也是實際上發生過的案例。

稍一疏忽，就有可能演變成一個難關。

在工作生涯當中，每天都會面臨一些小難關。

如果認為這些只是微不足道的小事就不當一回事、得過且過的話，會變成怎麼樣呢？長此以往，就會被認為是辦事不力的人。

要努力別讓這些小難關發生，千萬不可大意，這才是能幹的人的作為，況且，能幹的人會很有技巧的從這些冏時刻脫身。

在冏時刻的爆發力！只要有心，智慧就會湧現

俗話說，人生當中有上坡、有下坡，還有一個叫做「怎麼可能坡」。不知道這句話是誰發明的，還真是一針見血。

人生的難關經常也是以「怎麼可能」的形式出現。日常生活中充滿了小小的「不可能」，可說是小小「不可能」的連續。

遭遇到這些狀況時，或逃脫，或轉移，是否擁有圓滿解決的智慧和機敏，將使結果大不相同。

如果不夠機智，問題可能會益加擴大；若掉入陷阱之中，再也無法回復原狀。相反的，若能迅速巧妙的應付，就可以轉禍為福。

其實，有心機的人深諳從這種冏時刻逃脫的方法。通常被認為世故的人雖然不見得會為非作歹，但城府較深，因此擁有許多這方面的智慧、機靈及技巧。

要依據當時的狀況，靈活的運用各種方法：巧妙的以幽默化解；做出假動作牽制對方；以狡猾的言行舉止迷惑對方；用自嘲的言語吹捧對方；正面迎戰，正直的應對；自投羅網；或者是，根本就說謊到底。

從悶時刻脫身的方式有千百種。只要能夠知道這些方法，並加以活用，人生就既可以浮也可以沉。

第二章

在公司裡的冏時刻

說上司的壞話，結果本人正好走到你旁邊

午休時間在公司，氣味相投的同事有時會聚在一起聊八卦。

「我說那個課長啊，明知道我手上還有工作在忙，還拿其他的東西來要我做，真是討厭。」

「就是啊。他自己又在做什麼呢？整天就聽他喊忙喊累的，不過是在裝模作樣。」正說著，同事突然臉色一變，你轉頭一看，那位課長就站在旁邊說道，

「我怎麼了嗎？」

囧時刻的脫身法則

用「真是惶恐！」「不好意思失禮了！」含糊其詞、放低身段

遇到這種情況該如何脫身才好？拼命解釋、找各種藉口，皆非良策。若辯稱不

是在講他，又好像不打自招。

這時還不如就搔搔頭，口裡說著，「唉呀，太尷尬了。真是惶恐。」或是「真是傷腦筋啊。」等話含糊其詞，然後表現出真的很困窘的樣子就好。

上司應該也會裝糊塗說道，「怎麼一看到我你就說尷尬？又為什麼要怕呢？我可不是那麼讓人害怕的人喔。」就這麼讓它過去。

接下來只要上司立即離開現場，事情就算落幕了。萬一他還繼續待著，就回答說，「問我為什麼啊？為什麼呢？大概是因為我很沒用吧？」用這種自嘲式的台詞，哈哈一笑，表現出確實很為難的感覺，應該就可以了。

迫於當時形勢，不小心說出要辭職

秋山因工作上出錯被上司山田課長斥責，結果最後課長還說，

「連這種事都做不來，你乾脆別幹了！」

於是他怒急攻心，逞一時口舌之快說，

「喔？這樣嗎？我明白了。那我辭職總可以了吧？我辭職好了！」

一個挑釁一個買帳。其實秋山一點辭職的意思都沒有。而叫他辭職的課長其實也是因為當時的情勢才脫口而出，並不是認真的。

只是，話一旦說出口，就無法抹滅。秋山這下子面臨了去留的關鍵時刻。

況且，如果課長接著說，「我看你不過是一時氣憤才說要離職的吧，並不是認真的，既然如此就不要隨便說這種話！」

像這樣替他找台階下的話，秋山就得救了，也能從這個危機脫困。然而，課長卻是氣沖沖的說，

「你想辭的話就快點辭呀！」

秋山這下真的被逼到最後關頭。這樣下去似乎真的不提辭呈不行了……

悶時刻的脫身法則

誠心的賠不是，說明自己不是真的想離職

那麼，該如何脫困才好？如果課長看起來並無意讓步，就儘早低頭，誠懇的跟他道歉，「我不是真的想辭職。我會繼續努力，往後還請您多多指教！」這樣才是最好的脫困方法。如此一來，課長也應該會回答，「其實我也沒那個意思呀，不好意思。」那麼這件事情就解決了。

但要注意，這時若又畫蛇添足的說，「我明明沒那個意思，還不是因為課長要我辭，我才會說要辭。」那麼問題可能又會回到原點。這麼說的話，對方可能會回說，「我也不是真的要你辭職呀，是你自己當真才說要辭的。你應該明白我那只是一時氣話啊！」

最後又會變成，

「我看你還是乾脆辭職算了！」

「好！我明白了。我也不想在你這種人底下工作。」

事情又開始反覆輪迴。

遇到有人不懷好意的問，「你不是要辭職嗎？」就回答，「我會呀！等到三十年後該退休時我一定會走的。」

最棘手的是，有第三者看到事情始末的情況。消息一定會迅速散播，第二天，秋山馬上就遇到另一個部門的討人厭股長對他說，「咦？秋山你不是辭職了嗎？」這種窘況。又或者是有一些壞心眼的傢伙直截了當的問道，「秋山，你什麼時候要辭？」這種情況，如果對方是和自己沒有利害關係的其他部門同事，不妨回答他，「是啊，我會辭啊。」對方一定會緊咬不放，幸災樂禍、嘻皮笑臉的追問，「啊，果然是真的。那是什麼時候呢？」此時，才回他，「是啊。大概是三十年後吧。等我到了退休年齡時一定會走的。這也是理所當然的吧？」

就這麼打迷糊仗，唬弄過去就好。

又或者，用很認真的表情斬釘截鐵的說，

「啊，那個我撤回了。我決定不辭職繼續努力。」

公司裡總有一些人覬覦著別人留下的利益，就算和自己的職位毫無關係，還是會等著別人走；要是聽到別人要辭職的風聲，即使只是謠傳，也會暗自竊喜。這種人都很難纏，即使經過好幾個月，也還是會說，「咦？你不是辭職了嗎？怎麼還在啊？」跟你談話永遠也只講這件事。對付這種人就要說，

「你看到我就只會問這個嗎？」

這麼講就好。這種人要是給他得逞，就會很討厭。

也可以這樣回話，

「○○○你自己也是啊，從以前就一直聽說你要辭，你怎麼到現在還不辭呢？」

重點就在於要斷然否定。

若是酒後衝動說要辭職的情況，就推說是喝醉了，來加以否定

還有一種情形也一樣，那就是喝了酒之後，不知不覺和上司吵了起來，不小心就說出，「這種公司我才待不下去。」第二天，如果上司什麼也沒說，那你最好也就什麼都不要說。只是，對於爭吵的部分還是要道歉比較好。

「昨晚真是不好意思了。」自己先道歉，再看上司怎麼說。

「我也有不對。以後還請多多指教。」如果他這麼說，這件事就解決了。

然而，如果當時還有其他同事在，就比較難處理了。如果有那種存心不良、期待他人被淘汰的傢伙到處散播消息，最後還故意問，「○○，你不是辭職了？」這時候就說，「啊，那不過是酒過三巡之後所說的醉話罷了。」總之，就推說是喝醉了，然後斷然否定，不要隨之起舞就好。

即使對方還是說，「欸？什麼事都用喝醉來推託啊？」窮追猛打的找碴時，你也還是要毅然的說：「是啊。」一口回絕就好。

在酒席間打了上司

公司的聚會不見得都是愉快的。雖說聚會上是不分輩分的，但總是會有上司或是公司前輩會提到跟工作有關的事情。應該說，有些古板的人除了公司或工作的事情之外，就找不到共同的話題了。

這些人就算是私底下和人喝酒也是一樣；喜歡講工作的事，特別是喜歡批評別人，拿部下或公司的事來當話題，大肆批評。如果是講不在場的人的事情也就罷了，要是把矛頭指向一同喝酒的人，那就麻煩了。而且，仗著幾分酒意，就越來越口無遮攔。比方說這種狀況……

「你啊，真的是做什麼都很遲鈍啊，只算得上是半個人力。」年輕員工被這樣說了些有的沒的。

年輕人聽了很不高興，忍不住反駁說，「我到這家公司已經有四年，來這個部門也有兩年，早就獨當一面了。怎麼能說我只算得上是半個人力呢？」

於是，對方就進一步反駁說，「半個人力就是半個人力，我說錯了嗎？」

「為什麼說我只抵半個人力，請說出具體的理由。」

這種類型的上司酒品很差，批評會越來越誇張，最後連什麼「是你的人格有問題」或是「你不配當一個社會人」等人身攻擊的話，都可以若無其事的說出口。被這麼批評的人，一開始出口還擊的時候倒還好，但有時候就是會忍不住情緒失控。

「就算你是上司，說話也應該要有分寸。」有的人說著說著就怒極攻心，然後對上司報以老拳。

冏時刻的脫身法則

抓抓頭髮，撞撞牆壁

真的動手打人就糟糕了！要冷靜下來。這是一個冏時刻，到底該怎麼辦？

依打人的程度或上司的反應，脫身法會有所不同。

如果只是輕輕的打，就有因應的方法，也容易脫身；但如果是狠狠的對人拳打腳踢，那就沒有脫身的餘地了。別說脫身了，要是對方報警，還會被當作暴力現行

犯逮捕，當然也會遭到公司解雇吧？

另一種是打了一拳但是對方並沒有受傷的情況，而且上司還是一個從來就不打架、被打了也只是摸著臉頰傻傻站在原地的人的話……

這種情況，有一種方法可以矇過去。

先道歉說，「咦？我怎麼打了課長？真是對不起！」一邊想法子挽回，然後像是很困擾似的用兩手搔一搔頭，整個人驚慌失措的樣子。

接著，用頭對著牆壁叩叩叩的撞。當然，力道要控制好，不過頭皮要是能有點擦破、再流點血就更逼真了。

此刻課長如果對你說，「喂！山田，你怎麼了？冷靜下來啊！」這時候就是個好機會。

「噢，我真的是失心瘋了。」一邊說邊做出懊惱、垂頭喪氣的樣子。

逼對方打你

有的上司挨打後會反擊，也讓你吃吃拳頭。這種情況算是幸運的，就繼續讓他打就好。

只回你一下的上司冷靜下來後，看不出他有繼續打你的意思時，你就說，「是我不對，請您就打我打到氣消為止吧。」要他繼續打你。如果上司無意再打，你就抓起他的手逼他打你。這時候抓住他的手千萬不要放開，只要繼續做出想讓他打的樣子，他就會投降的說，「好了，這樣夠了。」就原諒你了。

另外，如果有其他人同席，那個人應該會出來勸架。你可以對那人出言不遜，但是不能打他。

「你幹嘛阻止我啦！」你可以抓住對方的肩膀質問他。如果堅持下去，對方可能會惱羞成怒，也許會對你暴力相向。其實你是故意要對方打你的。

要是真的被打，就成功了。就算只是輕輕的打，你也要很誇張的倒地不起，好像受到很大的傷害似的，暫時不要動。

將以上整理歸納之後，就是：部下先動手打了上司，然後上司還手；同席的前輩上前勸架，然後跟動手的部下起了衝突，最後打了他一拳。

這樣的話，雖然先動手滋事的仍然是這個部下，但是當第三者也打了人，這件事就扯平了。最後彼此都會搞不清楚到底是怎麼回事、不明白為什麼會變成這樣，就大功告成了。彼此冷靜下來之後，再對上司和前輩好好道歉就好。

寫了上司壞話的電郵不小心流入職場

在今日，電子郵件已成為常用的通訊方式，有時連近在眼前的上司和同事，也有人會用電郵來聯絡（或有時會這麼做）。

關於這種情形，若只是交代公事那還好，但有時候會因為跟對方比較談得來，而忍不住寫了一些多餘的內容，以建立彼此私下的交情。比方說，會寫一些上司或同事的壞話。

如果不小心讓這些內容流入職場，或在公司內部被紀錄下來，那可就慘了。

囧時刻的脫身法則　立即道歉

即使只是一句壞話，也分為屬於一般常識裡被允許的範圍，以及算是誹謗中傷的內容。如果是人身攻擊的內容，被公司發現的話有時會被解雇。

要是捅出這種漏子，就沒得挽救了，萬事休矣。

另一方面，有時候是半開玩笑寫下的東西，譬如以下這種狀況。

「我們課長真的很會拍馬屁呢。聽說他是因為很會逢迎拍馬才當上課長的，不過這一點也值得我們ＯＬ學習吧？」

另外，有些內容雖然寫的是事實，但是被寫的人本身會覺得是在講他壞話。

「我們上司一天到晚變來變去、朝令夕改的，當他的部下真是辛苦。」

不論說什麼，只要被當作是壞話，就不太妙了。這種時候該如何脫身呢？

在這種時候應該誠懇道歉、表達歉意，並承諾不會再做同樣的事，請求對方原諒，除此之外別無他法。

口說無憑，但是寫下來的白紙黑字會留下證據，而讓自己沒有藉口逃避。對自己寫下的文章，即便說明「其實我真正的意思是這樣」，但文章可以被做不同的解讀，可能只會讓你更深陷泥淖。

電子郵件也是一樣，現今電腦已成為工作上的必備工具，把電腦拿來做私人使用對公司而言是種損失，也會形成大問題。

每家公司政策不同，有的公司一律禁止將電腦攜出，有的則禁止將私人電腦帶到公司使用。當然，你私人的電腦也和公司借你的電腦使用同一個網路位址，一樣是絕對不允許的。

用公司的電腦買賣股票、炒外匯，或是看色情網站、玩電腦遊戲，等同侵占。近來，很多公司為了禁止員工把電腦拿去作私人用途，都實施了電腦監控。因為有這樣的情況，發送電郵時就要更小心。

基本上，使用電郵而不發生錯誤的原則之一，就是不管是對公司內部的人，或是對客戶或關係企業的人發送電郵時，都只能談公事，其他的一概不提。

趴在桌上睡覺的時候，被主管發現

不停加班，導致長期睡眠不足、疲勞累積，過了中午之後，突然覺得鬆懈下來，睡魔來襲，睏得不得了。即使正在使用電腦整理企劃案大綱，腦袋卻完全不靈光，，忍不住趴到桌子上，就這麼進入夢鄉。

也不知道睡了多久，一醒來，發現自己竟然睡著了，抬起頭，卻發現主管正看著自己，慘了！

平常都很認真工作，主管也對自己讚譽有加，也知道你每天都在加班，但是大白天的公然睡覺還是有可能被扣分。這種小小的冏時刻，該如何脫身呢？

冏時刻的脫身法則

裝傻說：「我只是假裝看看死掉是什麼樣子。」

這種情況，盡量用幽默的方式來辯解會比較好。

比方說，「我從小就喜歡玩裝死的遊戲。身體不舒服或心情不好時就會裝死，常被爸媽說『你又在裝死了』。裝死好像可以讓人轉換心情。結果這就成了我的癖好再也改不掉了，今天忍不住又玩了。」

這麼說的話，主管應該就會睜一隻眼、閉一隻眼，就這麼算了。

如果主管說，「是這樣嗎？」就要馬上從椅子上站起來回應說，「我的精神又來了。我要繼續加油了！」然後繼續工作就好。

囧時刻的脫身法則

假裝說些跟工作有關的夢話

打瞌睡醒來的時候，若和主管四目交接，就再次趴下去，假裝在說夢話，這也是一種方法。

「課長，昨天我熬夜把企劃書寫好了。」或是「這件事我絕對可以協調好！」像這樣，喃喃說些與工作相關的夢話就好。

若說，「課長我好尊敬你！我要一生追隨你！」這樣子可能就太超過了一點。

音量可稍微大一些，然後假裝被自己的聲音嚇醒。接著，自言自語的說，「啊，嚇我一跳。」裝作若無其事的樣子並繼續工作，完全無視上司的存在即可。

即使上司從頭到尾看在眼底，心裡認為，「這傢伙演技真爛啊。」應該也會放你一馬。

只不過，倘若你是因為前晚喝酒喝得太晚而導致睡眠不足，上班才會滿臉疲態，甚至打起瞌睡的話，恐怕什麼藉口也不管用了。若是這樣，即使身體很疲累不堪，也必須盡量離開位子，去客戶那裡走動走動，就能避免在上班時間睡著了。

在咖啡店摸魚的時候，被上司看到

不過，也有人會翹班跑到公司附近的咖啡店偷懶，結果上司突然出現，糟糕了！正在用手機和女友或朋友講話，結果上司突然站在面前，真是太慘了。

也可以當作沒發現，然後偷偷溜走，但是對方可不會裝作沒看到。如果當下表現出一付不知道自己被看到的樣子，隔天上司卻問你，「你昨天在那家咖啡店幹什麼？」那可就啞口無言了。

冏時刻的脫身法則

藉口說是在工作

那麼，這個冏時刻要怎麼脫身才好？

「有點累了，所以去休息一下。」類似這種承認自己是去摸魚的話，可絕對不能說。

因應對策有許多種。

其中之一就是假裝在操作電腦，然後一邊說，「我正在為明天一大早要在會議裡報告的提案收尾。因為這東西五點要送給課長看。」

「我正在檢查新的企劃案。」

「我正在整理要提給客戶的資料。」等等，

然後臉上浮現充滿幹勁的神情。「是喔……」即使上司一臉懷疑的點點頭，也不要在意，要繼續說，「我想出這樣的企劃案，如果您能給我一些意見就太感謝了。」提出來跟他商量也可以。

另外還有一種方法就是徹底的說謊，例如，你可以這樣說，

「A公司的B先生突然跟我說，他今天要來我們公司附近，想順便跟我碰個面，所以約在這裡，但是他人還沒有到。可能有事耽擱了。」

然後裝出非常困擾的表情。

另外，如果正好用手機在講私人電話時，上司突然出現該怎麼辦？遇到這種情況，就要以恭敬的口吻，用上司聽得到的音量大聲說，「是這樣子啊？那就麻煩您了。我稍後會再打電話給您。」然後掛上電話就好。

雖然上司會覺得有點怪怪的，但是你只要裝作是在講跟工作有關的電話就好。

總而言之，要說出對方能夠接受的藉口，徹底的裝蒜才是脫身之道。

還有，為了不讓這種冏時刻發生，基本上想摸魚時最好別到公司附近的咖啡店。位於最近的車站到公司之間的咖啡店也最好避免，以策安全。無論如何，建議你能找到一家同事絕對不會去的店。

另外，若能將個人用的筆記型電腦，放在辦公桌上並打開，這樣跟上司不期而遇的時候可以有效的製造不在場證明。

上司硬要塞工作給你

幾年前，日本有一本暢銷書名為《上司總是想說就說》（上司は思いつきでものを言う）。

實際上，想到什麼就說什麼的上司確實很多。明明知道部屬們都很認真的在執行被交付的任務，卻經常會說，「那個等一下再做，你可不可以先幫我做這件事。」硬是要插隊塞工作給人，使被命令的部下十分困擾。

悶時刻的脫身法則

抱著頭做出困擾的樣子說，「這個嘛……」

明明得集中心力做手上的工作，上司卻突然命令你做其他事情，這時該如何是好？雖然很想拒絕，但是如果說，

「課長，你之前說這個必須在下週日前完成，所以我正在拼命趕工。現在我沒

辦法做其他事情吧？」

太正面拒絕是不好的。

說話方式如果不當，就會破壞關係，也會讓上司感覺不舒服。那麼，該如何拒絕才好？

巧妙的拒絕法就是歪著頭說，「這個嘛……」間接表現出，「非常困擾，又希望有辦法解決，可是卻無計可施」這樣的心情。把臉埋在桌上，然後拼命搔頭也很有效果。這時候，即使會把梳理整齊的頭髮弄亂也是無可奈何的。

像這樣假裝考慮一下，然後回答，「我再想想辦法吧。」於是就等個兩三天觀察情況如何再說。如果上司之後也沒再說什麼，那也許是已交代給其他下屬或改變心意了，也說不定是那件事本身已經取消了。不要自己主動提出來講，先擱置不管比較明智。

上司突然戴著假髮來上班

戴假髮的人本身好像都認為身旁的人沒有發現。明明一看就知道是假髮，就只有本人認為別人看不出來（不覺得有被看穿）。

在公司如果坦承自己戴假髮，周圍的人跟他相處起來就會比較輕鬆。然而，若本人總是裝出一付「我可沒有戴假髮」的模樣，周圍的人也會假裝沒發現，但總會覺得不自在，總會不由自主的把眼光飄向對方的頭頂，又不能不小心談到有關頭髮或髮型、假髮的話題。

位高權重者自尊心也強，一點也不願意被人看出弱點。假設有一天，你公司裡被認為是下任總經理候選人的經理突然戴著假髮來上班。

跟他說了早安之後抬頭一看，昨天還是電腦條碼頭的他突然變身，有了一頭茂密的黑髮。

因為是突然戴上假髮，所以每個人看到都嚇了一跳。因為很驚訝，所以大家的訝異都寫在臉上，而該經理本人卻非常自然的、像往常一樣跟大家說早安。部屬們的神色都不太自然，但還是很快的回到自己的座位上。

看到也假裝沒看到

假裝沒看到這種因應方式才是正確的。遇到這種情況，要是多嘴說道，「咦？經理，您今天的頭髮真濃密，看起來好年輕啊。」可是最糟糕的。也許你是想稱讚對方，但這等於是向對方坦承，「我發現你是戴假髮喔！」

所以，正確的反應是，假裝不知情。

上司的假髮在你面前歪掉

關於戴假髮的狀況還有一樁，那就是有時上司的假髮會突然歪掉。比方說，上司因為感到焦慮，不由得摸了摸頭，結果假髮歪掉了，並且被你撞個正著。看見這一幕的部下一瞬間連大氣也不敢喘一下。上司當然也知道，「被發現了！」於是整個氣氛變得很尷尬。

冏時刻的脫身法則

噗的放個響屁

假髮歪掉的上司面臨了冏時刻，撞見這一幕的部屬也一樣，因為正好看到上司的弱點。那麼這個時候該如何逃脫呢？

有一種方法叫作前衛藝術應對法。

當你看到對方假髮歪掉，而使氣氛變得尷尬時，可立即「噗——」的大聲放個

屁。一股作氣，用力噗的放出一聲巨響。

上司聽到屁聲也會很驚訝，可能會哈哈大笑，可能會嚇一大跳，也可能會露出生氣的表情。

如果他大聲的笑，就跟著大笑；如果他嚇一大跳，就馬上低頭道歉，「對不起，不小心放了個屁。」如果他生氣了，那就鄭重的道歉就好。

刻意打個噴嚏或不停咳嗽，也是一個辦法。

假裝打噴嚏或許沒辦法裝得很像，那就邊打噴嚏邊咳嗽，或是假裝噎到，盡可能發出巨大聲響，並裝出一付很難受的樣子。然後彎腰蹲下去，繼續做出痛苦的模樣。

如此一來，上司可能會問你「不要緊

吧？」但是只要你繼續表演下去，上司肯定很快就會離你遠去。於是乎，看見上司假髮歪掉失態模樣的尷尬，應該就會在不知不覺中化解掉了。

上司勸你戴假髮

現今社會中男性戴假髮已經很普遍了。電視上從主持人到知名演員、藝人等，很多人都是假髮一族。有的演員甚至每天換一頂不同造型的假髮，而有些高科技假髮還會慢慢變成灰色。真有意思！

有些上司因為事不關己，所以會突然對你說：

「我說你啊，頭禿著多難看，去戴一頂假髮吧！」強迫你去戴假髮，這時該怎麼辦？其實那種因為大家的頭髮都日漸稀疏，所以紛紛都戴上假髮的公司也是有的。頭髮變少之後把它剃光也是一個辦法，這麼做的話，禿頭這件事反而不那麼醒目了。然而，有些主管會說剃光頭給人的觀感不好，所以據說也有人因此被要求要戴假髮。

「我看你差不多該戴了吧？」如果遇到這種討論你該不該戴假髮的狀況，你就說：

「是的經理。誠如您所說的，我也正在想是不是該戴假髮了。正在想是否該和假髮族的前輩經理您商量一下。」

就這麼輕鬆的回覆，經理也會很滿意，然後建議你哪一家假髮品質不錯等等，你們倆的交情就會因此更上一層樓，搞不好還會變成你晉升的契機。

冏時刻的脫身法則

以「要跟公司投訴」的方式反擊

這個冏時刻，其實只要依照公司或上司的指示戴上假髮，就能脫身。然而，如果你真的很討厭戴假髮，那就麻煩了。身為電視台主播的人如果不戴假髮的話，恐怕公司真有可能不讓你出現在節目裡。

如果有被冷凍或丟掉飯碗的覺悟，那麼只要一直拒絕就好。

只是，反抗是有方法的。如果經理等上級只是因個人意願而強迫你戴假髮，你就直接向公司投訴就好。

「強迫是侵害人權的做法，因此我會向公司投訴，這樣也沒關係嗎？」

這麼說的話，對方也會收斂他的攻勢。

還有，如果這是公司或高層的意思，那麼就威脅說：

「你們這樣是漠視人權，我會把這件事向社會公開。你們覺得這樣也沒關係嗎？如果有侵害人權的事情，公司是會受到糾舉的。」

假如都這樣說了對方還是繼續強迫你的話，那麼還有向媒體爆料這種手段。

然而，這樣和上司或公司加深對立的話，即使問題解決了，今後要在那家公司或同個業界生存下去，也許會變得困難。

上司硬要幫你安排相親，真傷腦筋！

即使時代變遷，還是有人很喜歡替人撮合姻緣。

對不怎麼有異性緣的人來說，這也許是件值得慶幸的事，但是要幫你安排相親的人是上司或重要客戶的話，就不得不謹慎處理。

也就是說，開開心心接受相親，相親之後也沒什麼問題，最後還可喜可賀的締結良緣，那當然很好。可是事情不見得會是如此。被介紹的兩人若是有什麼摩擦，你和介紹人之間的關係也會生起風波，自此之後雙方的關係也難保能夠融洽。

比較棘手的是，已有穩定交往的對象或沒有結婚打算的情況。即使對方推薦的對象再好，因為心裡沒有那個意願，所以會感到困擾。

如果拒絕的方式不夠高明，會讓上司或客戶覺得臉上無光，可能心裡會不太舒服。這麼一來，應該也會對你日後的工作生涯造成負面影響。

就說目前只想專心工作，以工作為藉口婉拒

傷腦筋，完全無意相親的話，該用什麼方法拒絕，才能從這個難關脫身呢？最高明的，就是以工作當作藉口。

「我也不是不想結婚啦，但是我未來幾年想專心在目前的工作上，希望多累積一些資歷。」

用這種方式婉拒。

也許對方仍然會企圖說服你，

「話是這麼說沒錯，但是我相信你見了對方一面之後，絕對會改變心意的。因為這位小姐真的很優秀，錯過就太可惜了，你會後悔的喔。」

「我已經決定要專心工作，真抱歉，您還特地幫我介紹，請多見諒。」

徹底且謹慎的婉拒就好。

這時候，如果太過小心的說，「如果是這麼完美的女性，那麼我見過之後決心可能會動搖。這樣會很困擾，所以還是不見的好。」

這麼說的話可能就是畫蛇添足了，別說太多會比較安全。

「決心動搖也沒關係啊，她一定能夠支持你，幫你更上一層樓的。」

對方要是說到這種地步，你反而會不知道該怎麼回答，結果還是被迫接受相親。

別說太多，當場清楚明確的拒絕，這才是明智之舉。

另外，要幫你牽線的上司或客戶都會拿對方的照片或書面介紹給你看，不看就拒絕才是聰明人。

悶時刻的脫身法則

立即拒絕，不要讓對方覺得可能有機會

若有「對象若不錯也會想結婚」這樣的想法，可能會看看照片和書面介紹吧。看了之後即使沒意願見面，拒絕時也不能讓介紹人覺得沒面子。

比方說，可以用以下這種方式拒絕，

「我想我可能配不上對方吧？」

「我覺得自己並不符合對方的期望。」

但是如果看了照片之後當場拒絕，對介紹人和該女性會很失禮，也可能會造成摩擦。因此，要把照片和介紹帶回家，過幾天之後再回覆對方。這麼做能給人經過仔細考慮才決定的感覺。

這和相親過後並見過一、兩次面之後才拒絕的狀況相同，拒絕方式都是，

「我沒有自信可以達到對方對我的期待。」

以考量對方的立場的方式來拒絕，是非常重要的。

在公司上廁所時，聽到別人在說自己的閒話，想出來又出不來

今天早上，還沒上大號就去上班了，因為有點便意，所以想在開會前上一下廁所。啊，真舒暢啊。正要出去的時候，卻聽到有人說話的聲音。如果馬上出去，就會被認為，「這傢伙總是愛在公司上大號」，這種感覺滿討厭的，所以就靜靜的躲著，他們說話的內容便傳入耳裡，也不是有意偷聽卻聽到了。

「吉田那個人對工作是很熱心啦，但是太投入的話就看不見周圍的人。總是一個人擅自行動，結果變成扯整個團隊的後腿。如果前輩們肯開口說說他就好了……」

「欸？這樣啊？對了，吉田好像跟總務

課的〇〇〇交往過，你知道後來怎麼樣了嗎？」

聽見的可能是些關於你的閒話，也有可能是這樣的話。

「專務那派人從Ａ客戶那裡拿了不少回扣呢！常務那派人好像已經掌握到證據了喔。」

「我們課長總是爭功諉過的，功勞他一個人攬，過錯都推給我們，真是不可原諒。有沒有什麼方法可以讓上面的人知道啊？」

諸如此類，也有可能聽到這些危險的內容。

想出來卻又不敢現身，可是再不出來，開會就要遲到了，這時該怎麼辦呢？

冏時刻的脫身法則

開玩笑說，「我在公司上大號的事要替我保密喔。」

那麼，這種關頭要如何脫身呢？依據和對方的關係及他們的談話內容，脫身的方法也有所不同。

如果講話的人和自己還算親近，是多少可以彼此消遣的對象，那就很自然的打開門，伸頭過去，露出自己多少已經意會的不可思議的表情，兩人相視而笑，這樣就好了。

「你剛才正在說我是吧？不過喔，我都在公司大便這件事一定要保密喔。不要傳出去啊。」

就這樣裝糊塗就好了。這麼一來對方也會覺得得救了，肯定也能笑著回答你，「當然囉，我就是嘴巴裂開也不會說出去的。」

悶時刻的脫身法則

故意說，「我好像拉肚子了！」大聲吵鬧擾亂對方

接著來說說聽到關於公司或自己部門的機密的情況。有時候被對方發現你聽到不該聽的事情，會令你的立場有點危險。因此，就必須在廁所內待到對方走掉才可以。千萬不能出來，裝作沒聽見才是明智之舉。

然而，也有可以反過來利用的方法。趁著說閒話的人還在的時候，急忙從廁所裡衝出來，跟他們對望時就做出一付「怎麼了？有什麼事情嗎？」的表情，接著就說，「不知道怎麼回事，今天肚子不太舒服。馬上就要開會了，真是麻煩啊！」

用手摸摸肚子，一個人喃喃自語，然後快步走開就好。對方應該會覺得肯定被你聽見了，卻什麼也不能說。

順帶一提，這種機密要不要善加利用，當然是你個人的自由，世故的心機鬼表面上會裝作沒聽到，卻會暗藏在心裡，有需要的時候，就能拿出來當作王牌使用。

開會時突然很想放屁

開會的時候，有時候會突然想放屁。肚子脹脹的，如果能夠一口氣「噗——」的放出來，真不知道會有多舒暢，但就是不能放。

悶時刻的脫身法則

有技巧的把屁放掉

一挪動身體，屁就差點要放出來的時候，該怎麼辦才好？

有一種沒有聲音，也就是放無聲屁的方法。大家應該都有放屁的經驗，也有人身經百戰，但是在此我們都一起來了解一下巧妙的放屁法吧。

把肛門的肌肉收縮，讓神經集中在肛門，然後慢慢放鬆肌肉，空氣（也就是屁）就會一點一點的釋放出來。

要注意，這時若太心急的話，就會間斷的發出「噗——噗——」的聲音。千萬要小心，請一點一點的放出來。

還有，如果感覺像要拉肚子，那麼要是放屁的話，搞不好就真的拉出來了，務必要特別注意。

終於成功放出無聲屁之後，臭味就會變成問題。要是飄出惡臭，努力就成為泡影了。

雖然不可能有很香的屁，但如果平常飲食習慣良好，屁就不至於太臭。吃太多肉放出來的屁會臭不可擋，因此不要過度攝取肉類和乳製品，盡量多吃蔬果。蔬果對預防便祕也有很效果。另外，根莖類、豆類若吃多了也容易脹氣，就容易有屁。

順帶一提，最近日本有一種叫作ROSE的營養食品，據說吃了之後放出來的屁會帶有玫瑰香，因而引起廣泛的討論，但是據說好像也不保證放屁真的會有玫瑰香味。

開會中，不停的打嗝

除了「放屁生瘡不擇處所」，打嗝也是一樣。開會時突然打嗝不止的話，實在很糗。

經理正滔滔不絕的大談新開發商品的概念時，卻突然響起「呃！」「嗝！」等打嗝聲，而且一發不可收拾，所有的人都忍不住吃吃的笑，經理的話好像變成空氣一樣。經理終於忍不住發火，「誰？剛才是誰？不要再發出怪聲了。如果停不下來，就給我滾出去！別在這邊干擾大家。」

還有，正襟危坐正想向心儀的女性告白時，卻突然開始打嗝不止，這時該怎麼辦？

「我（呃），從以前開始就（嗝），很在意妳（嗯呃）。」

這樣人家對你也會失去興趣，根本連話都不會聽完，就起身走掉了吧。

囧時刻的
脫身法則

瞭解可以立刻止嗝的方法

打嗝是一種就算你想預防也無法預防的症狀。

停止打嗝的方式有很多，大家還是學起來比較好。

其中之一便是，將頭往後仰，兩手頂著胸口，停止呼吸幾秒之後再大口吸氣。

另外，口中含許多水，暫停呼吸，然後一口氣喝下去的方法也很有效。

糟了！會議中好想睡覺！

在無聊的會議上，打呵欠之後接著就想睡，忍不住就開始點頭。這是上班族們幾乎都曾有過的經驗。

但是，不能因為其他人都在夢周公，就覺得你也可以跟著睡。公司裡面還是有人會盯著你們的。經常偷打瞌睡的人會受到嚴格審查，這當然會影響考績，進而影響到薪水和獎金。

悶時刻的脫身法則

反覆的深呼吸

打呵欠之後會忍不住想睡，這種時候該如何解決呢？打呵欠是因為腦中氧氣不足的緣故。打呵欠時會將氧氣補充到血液中，所以，這是身體想將氧氣送入腦而自動引起的自然反應。

只要能理解這點，自然而然就會瞭解因應對策就是深呼吸，讓體內充滿氧氣就可以了。

首先，把氣全部吐出來。接著，從一默數到七，然後大口吸氣。這時候，想像你吸進去的氣從腹部移到胸部，又從胸部移到肩膀。

吸氣完畢後，暫停呼吸七秒。之後扁著嘴呼氣，用兩秒鐘的時間一次將肺中的氣吐出一半左右，將一半的氣留在肺裡；接著暫停呼吸三秒，之後再用兩秒的時間把剩餘的氣都吐出來。

重複這種呼吸法四至五次，睡意就會散去，頭腦也會清醒，整個人清爽起來。大家可以試試看。

會議中突然鼻血流不停

其實高層已經做出決定了，可是形式上還是要開個會，把整個計畫報告一遍。真是無趣，於是忍不住用小指頭摳鼻孔，不知是不是摳得太過分了，居然流起鼻血來，好痛！血一滴滴的流下來，連忙用手擦掉，但是……。

坐在旁邊的上司是不是正用鄙視的眼光看著你？

悶時刻的脫身法則

用衛生紙塞住，再用手指按壓鼻翼

即使再怎麼無關緊要的會議，在會議中流鼻血也不太妙。快點止血吧，好心急。

對付突如其來的鼻血，不知道為什麼，很多人都以為要仰起頭，然後敲後腦，這是錯誤的方法，這麼做也不會有用。

如果往上仰，鼻血只會經過口腔流入胃裡。血液流進胃裡，混合胃酸，會產生促使血壓上升的物質。血壓一上升，反而會使出血的情況更嚴重。

正確的方法是，用紗布或衛生紙塞住鼻孔，然後低下頭在兩側鼻翼稍微施力，持續按壓三分鐘左右，這樣就能止血了。公司裡應該不會有紗布，所以用衛生紙就好了。即使是男性，口袋裡最好還是經常攜帶衛生紙會比較好。

另外，壓迫鼻翼也是有技巧的。差不多都是按壓出血的部位，方法如下。首先，用兩根手指頭挾住鼻樑，然後由下往上稍稍滑動，會碰到像丸子似的硬骨頭，出血部位多半是在這附近，只要用手指持續按壓一陣子，鼻血就會停了。

宿醉，結果整個臉腫得像豬頭

昨晚痛飲一場。早上醒來，卻發現自己帶有濃厚酒氣，這是宿醉。總之還是去浴室洗把臉，結果鏡子一照，哇，這是什麼啊？整張臉腫得跟豬頭似的，眼皮也嚴重浮腫，活像是日本鬼故事《四谷怪談》中的女鬼阿岩。

今天一早預定的行程就是去拜訪重要客戶。這張豬頭臉，要是不拯救一下，可就不妙了。

悶時刻的脫身法則　拼命喝水

飲酒過量的翌日早晨，眼皮之所以會腫起來，是因為體內水分不足，也就是脫水，再加上水分聚積在局部的緣故。當然，血液循環也會變差。

要改善這一點，就是拼命補充水分，只要能消除脫水的問題、促進排尿，滯留在某些部位的水分就會流動，這時補充自來水或礦泉水是最理想的。

如果邊吃東西邊喝水，水分會囤積在胃部，而更不易排尿，反而有可能使水腫更嚴重。所以，喝水時什麼東西都不要吃，這一點很重要。如此一來，就能很快的把酒精排出體外。

如果能同時按摩眼皮或臉部，因為可以促進血液循環，會更有效果。

第三章

在客戶那裡遇上冏時刻

重要的簽約時刻眼看就要遲到了

商業是一連串的約定。

為了開發新客戶，每天都勤跑某公司，在經年累月的努力之下，終於拿到訂單了。到了簽約當天，卻在前往客戶公司的途中，遇上捷運臨時停駛。看來一時半刻之間是沒有恢復通車的可能了，眼看約好拜訪的時間就要到了。

再這樣下去會遲到三十分鐘，不、恐怕是一小時。無論如何得先通知對方可能會晚一點到，於是打了對方經理的手機，很不巧，他剛好暫時離開座位。

也許對方會以這次遲到為由，宣布取消合約，不留餘地、強硬的說，「簽這麼重要的合約竟然遲到，你根本沒有資格當業務。我無法相信你這種人，這筆生意就當我們沒談過吧！」被如此拒絕的話是最慘的。這個冏時刻，你說該如何是好？

冏時刻的脫身法則

若是因發生不可抗拒的狀況而遲到，誠心的道歉是為上策

因為捷運臨時停駛等無法避免的事件，而不能準時赴約的情況，在現實生活中也是會發生的。

遇到這種情形時，一旦知道可能會遲到，就要立即以電話聯絡，表明事情的原委，並誠懇的道歉，這才是最佳對策。

雖然已經給客戶打過電話，但是對方恰巧離開座位，那麼就留話吧。也可以打回自己公司，向同事說明情況，請他幫忙打電話通知對方。如果這樣還聯絡不上，就把狀況寫下來，傳真過去也可以，這麼做還能留下自己已及早聯絡的證據。

與其焦急的設法找其他交通工具趕過去，還不如先聯絡對方說明原委來得重要。

會因為發生突發狀況而遲到，其實也和時間安排得不夠充裕有關。

所以，一旦到了差不多該出門的時候，卻因突然來了一堆電話而延滯了，時間就變得很緊迫，而有可能遲到。

如果每次出門的時間都能比預估的時間多提早三十分鐘，那麼即便臨出門時或在路上有突發狀況，也應該可以趕得上時間。

有些業務員可能是想多消化一些工作，以提高成效，總是會把行程排得太過緊湊。約了太多人，結果卻因此全都遲到；和A公司的人約好下午一點，卻因為時間拖得比預定的久，下一個約好下午三點過去的B公司行程，便因此遲到十五分鐘，接著和C公司下午五點的約更是遲到了二十分鐘。

這些人也許覺得若不把行程排滿，而有時間空出來的話會很浪費，但是這種時間管理的觀念未免太天真。如果有空檔，可以利用這些時間以手機聯絡公事；如果有東西必須使用電腦作業，也可以利用這個時間來做。

一個成功的業務員不會約定那種恐有遲到之虞的時間。即便你說，「因為被前面的工作耽擱了才會遲到……」，但這種藉口跟對方一點關係也沒有，只會讓人覺得不愉快。

一般而言，年長一輩的人都習慣比約定的時間早到。以為這只是因為老年人很閒，所以才有辦法提早到的人，在這方面實在應該好好學習。

冏時刻的脫身法則

全力奔跑，跑到上氣不接下氣、汗水淋漓，表演出拼老命趕去的慘狀，並且不找任何藉口推託

所謂突發狀況，以一般常識而言，通常是指捷運臨時停駛、突然生病、家人發生緊急狀況、親人重傷或猝逝等情形。這些情況只要好好向對方說明原委，情商可否延期或拜託其他同事代理，多半可以不留禍根的徹底脫身。

然而，所謂的生意便是一連串與他人的約定。如果不時時保持警覺，很容易就會不小心遲到。

以因為前面有事拖得太久而導致遲到的狀況來說，可能是臨出門之際，卻有客戶來電，並且花了比預期還久的時間解決；又可能是文件忘了帶，只好折回公司拿。也就是說，可能是在估計所需花費的時間時太過大意，或單純只是因為拖拖拉拉而遲到。但可不能用這樣的理由向對方說明。

那麼，快要遲到的時候，該如何是好？有這樣的辦法。

在目的地前方五百公尺處開始盡全力狂奔。抵達要拜訪的公司後，也不要搭電

梯，要爬樓梯上去。這麼做應該會心臟狂跳，並且筋疲力竭、滿身大汗吧？拼命跑到上氣不接下氣的程度，就無可挑剔了。

以這樣的狀態和對方見面，然後拼命低頭道歉。

雖然想連聲說「對不起！」卻因為跑得氣喘吁吁，連肩膀都隨著呼吸急促的上下起伏，對方也聽不清楚你究竟在說什麼，但是這樣就好。

讓對方看見你那副大汗涔涔，連襯衫領子都濕了的樣子。渾身被汗水濕透的模樣，怎麼說都很難看、很可憐。如果穿的還是灰色西裝，看起來簡直就像隻狼狽的溝鼠。對方經理看了便會說，「哎呀，算了吧，趕快坐下來。喂，誰來給他倒杯水吧？」

如此一來，對方便失去抱怨的機會，而你也得救了。

像這樣裝出能讓人以為你真的是拼了老命趕來的樣子，遲到的錯也就可以一筆勾銷。不過，你得真的拼命狂奔，這樣在對方面前時才會有逼真的感覺。

流汗也可以提升表演效果。流到汗流浹背、全身濕淋淋，像隻落湯雞似的，讓人覺得你既可憐又窮酸，可以有效的轉移對方的攻擊。

冏時刻的脫身法則

千萬不要下跪

如果在重要交易要簽約時遲到，有時可能會造成對方的損失，也可能使對方覺得不受尊重。因此，絕對要準時，遲到的話，可是沒有辯解餘地的。

這種狀況，該如何脫身呢？

有一種下跪認錯的方法。

下跪認錯這種行為到底是出自什麼樣的心態呢？

應該是打從心底反省自己的錯誤之後，向對方表達最高的歉意。古裝劇中經常會有這樣的場面，男人跪在地上，磕著頭，然後說，

「美爾，都是我不好。從今以後我一定會洗心革面，絕不再賭博，我會認真工作，請妳原諒我吧！」

於是得到老婆這樣的回應，

「老公，把頭抬起來吧！」然後圓滿結束。

這個方法確實可以有效的使怒氣沖沖的對象停止責罵，所以，有些人會把這種方式當作請求原諒的方法。一般人可能會排斥這種道歉方法，但世故老練的老鳥，很容易就能下跪道歉。

這種方法若輕易使用，對方會怎麼想呢？有社會經驗的人，看到比自己年輕的人下跪道歉，應該會覺得，「居然做出這麼狡猾的事情來，這小子真滑頭。」「這個人真賊，這麼做肯定是為了讓我無法責怪他。」

如果被這麼認為，就造成反效果了。只要曾有人對你下跪，你就會明白，其實看起來是很沒誠意的。這方法一輩子只能用一次，必須在非常關鍵的生死關頭才可以利用。

和素未謀面的人約好碰面，卻忘了帶手機

由於手機的普及，約見面的時間和地點時就變得越來越草率。「那明天下午三點左右約在火車站附近。我到了之後會打手機給你。」像這樣只是大略約好時間、地點，大概只有至親好友會知道你說的是火車站哪一帶吧？

跟朋友這樣約的話可能無所謂，但若是商務關係的話，約好詳細的時間、地點是基本常識。

話雖如此，倘若是沒見過面的人，大概會像下面這樣約。

「那就下午三點在台北火車站的南三門見。我今天穿灰色條紋西裝，體型微胖，戴眼鏡。如果還是認不出來，就麻煩你打我手機。」

另一位也把自己的模樣和年齡等特徵告知對方。到了約定的場所，就靠手機來確認彼此。可是，萬一忘了帶手機，那該怎麼辦呢？

打電話回公司，請同事幫你聯絡對方

萬一忘了帶手機，也不必焦急。如果在半路上發現，就打公共電話回公司，問清楚對方的手機號碼就可以了。

當然這是公司裡有人知道對方手機號碼的情況。如果你在桌上留了相關訊息，打回公司，同事就有辦法幫你查到，然後再盡快打給對方說明原委即可。

近來公共電話的數量減少了，若真的找不到還是可以問派出所，無論如何只能盡量找看看。

發現跟客戶約的時間重疊了，不得不取消一個

一整週你的工作行程都排得滿滿的，結果一個不小心，明明已經約好某個客戶，卻又跟另一個客戶敲了同一個時間。發現約定的時間重疊了該怎麼辦？當然只要跟其中一方改約其他時間就好，但是究竟該跟哪一邊說呢？

冏時刻的脫身法則

騙客戶說發生了意料之外的重大事件

究竟該取消哪一方的約定，應該視生意上誰比較重要，以及前後工作行程的安排，還有跟客戶的熟悉程度等因素來綜合判斷。

另外，跟客戶約的時候，對方的個性也必須考慮在內。例如，對方對時間安排一向非常嚴謹，所以如果是我們自己千拜託萬拜託才約好的，要取消就會很困難。對方應該也會覺得，「明明就是配合你們才敲定這個日期的，現在又要改，真的

是……。」

決定要取消哪一邊之後，就必須跟對方商量，但是一定會被問到你的正當理由。當然不可能跟對方說是不小心約到重疊的時間，這是打死都不能說出口的話。如果你老實說了，對方一定會認為，「那就是你覺得另一邊的事情比較重要囉？也未免太輕視我們了吧。」如果被這樣解讀，對日後的合作關係將會造成負面影響。

最好的藉口就是說你認識的人去世了。不過，如果說是家人，又不能不跟公司講。所以，就編派說有位過去曾幫過你大忙的人過世了吧。

不要讓公司知道，只要跟對方說明就好。

到了約定的時間對方卻遲到了

約好碰面，有時遲到的是自己，當然，遲到的也可能是對方。

等人是一件很令人煩躁的事。可是，對方可能也正為了能早點抵達而拼命趕過來。所以，只要想著自己遲到時的情形就行了，這樣你就會對對方寬容一點。

若是對方遲到，這件事便是他面臨冏時刻，你就好心點，幫他脫離苦海吧。

冏時刻的脫身法則

騙對方說，「其實我也是剛剛才到而已。」

對方好不容易到達約定的場所，向你道歉說，「真抱歉，我遲到了。」這時你可以說，「沒有，我也被其他事情耽誤了一下，剛剛才到呢。」這也是一個方法。

你只要這麼說，對方就得救了。要是他眼睛瞄到桌上已經空了的咖啡杯，應該馬上就會明白並不是這麼一回事，也會因為你顧慮到他的感受而心存感激。

如果你責備對方說，「怎麼可以不守時。」或是「約好了還遲到，會對我造成困擾耶。我也不是閒著沒事，還有下一件事情等著要辦呢。」那麼即使對方知道錯在自己，心裡也不會舒服。

不責怪對方，以寬容的態度迎接他，對方也會對你產生好感。這會使你位居優勢，對於要洽談的生意也會有所幫助。有時也可以利用這個機會和對方發展出更親密的關係，這又是另一種收穫。

不過，也有些人凡事不拘小節，並不覺得讓人等待有什麼不對，對方讓自己等了也不會苛責對方。這種心態雖然是散漫了些，但這種人也可以說是比較寬容。與這樣的人往來，應該完全不須擔心。只要對方是個對什麼事都寬大為懷的人，就繼續交往吧。話雖如此，也不能因此就覺得自己可以隨便遲到，還是要盡可能遵守時間。

如同前述，等人的過程會很心煩氣躁。然而，商業上的約定有點差錯在所難免。所以必須養成一有空檔就能善加利用的習慣。

如果有電腦或手機，可以做的事就很多。另外，也可以利用時間把工作上的事情在腦袋裡回想整理一遍，一邊喝咖啡一邊發呆想事情也是可以的。

忘了約好要再打電話確認

生意上一定有需要聯絡的地方。每個人都會把預定要聯絡的事項寫在行事曆裡，提醒自己不要忘記。然而，如果在一天當中有好幾場會議要開或好幾件事得聯絡，就可能會發生不小心重複約定的情形，也有可能一不小心就忘得一乾二淨。

最容易忘記的，就是約好要再打電話過去確認的情況。比方說，必須配合對方的狀況才能約時間談事情，可是對方下週的行程還不明確，因此，雙方說好下週一早上十點鐘再由你打電話去敲時間。你也在行事曆上寫下「AM 10:00 TEL ○○公司吉田先生」，來提醒自己。

於是，到了週一早上九點鐘上班時，你就先確認今天的行程才開始工作。處理了幾件事，接了幾通電話，也打了幾通電話之後，時間就這麼匆匆過去，猛然一看，才發現時鐘已經指著十點四十分了！

對方的時程安排可是比自己的還要緊湊，因此才會約定得在十點整打電話敲時間，竟然給忘了，真糟糕。還有其他公司也在爭取與他們合作，要是因此失掉機會可就糟了。

不管怎麼說，立刻打電話去誠心的為自己的錯道歉

這個關鍵該如何脫身？最好的辦法就是立刻打電話，不找任何藉口拼命道歉。

「對不起，明明跟您約好十點整打電話的，我卻這麼晚才打，真是抱歉。」坦率的道歉最強而有力。把自己承認錯誤的心情表達清楚，這份心意（有時候）也會傳達給對方。還有一種方法是，姿態雖然謙虛，口吻卻鏗鏘有力的連聲道歉，使對方沒有插嘴的空隙。

對方也有可能會說，「噢，是這樣啊？我也是從一早就忙個不停，完全忘了呢。」表現出毫不介意的樣子。當對方這麼說時，又該如何回應才好？

最好別把「我也忘記了」這句話當真。對方有可能是真的寬大為懷，但也有可能只是想展現他的度量，或只是想藉此試探試探你。由於不知道對方真正的想法，所以只要道個謝，然後立即切入正題就好。

冏時刻的脫身法則

說是記錯時間了

另一種方法就是說謊。

謊稱是記錯約定的時間，例如：把十三點記成下午三點，十五點記成五點，或是誤差了一個小時。以前例而言，就說是誤以為是約好十一點打過去。

舉例來說，假設是約好早上十點鐘打電話卻忘了，一直到十點四十分才想起來，那麼打電話給對方時可以這樣說，

「喂，請問是○○公司的樋口經理嗎？我記得今天約好早上十一點打電話給您，但是突然覺得不對勁，想起好像約的是十點鐘才對……」

若對方說，「確實是約十點，所以我一直在等喔。」

那麼就誠懇的道歉說，「果然是這樣嗎？唉呀，真是抱歉。我完全記錯了。」

如果對方是個仁慈的人，這個辦法就行得通；若是城府很深的人就不適用，用這一套反而有受傷更深的風險存在，所以，這個方法還是要看對象使用。

有人向你道謝，你卻完全想不起來他是誰

在聚會上或捷運中、咖啡店裡，突然有人來跟你打招呼，「上次真是多虧您的幫忙。」你急急忙忙回禮，卻想不起他是誰。那張臉確實似曾相識，但是完全搞不清楚他是何方神聖。對方衝著你微笑，親切的跟你談話，反而使你的腦袋更加混亂焦急。

難道是工作上的重要人士？或是跟重要人士有關的人？若真如此，隨便敷衍他的話，說不定會造成無法挽救的損失。這是個危機，這種冏時刻該如何逃脫呢？

冏時刻的脫身法則

拿出自己的名片，然後向對方索取名片

有一個很簡單的辦法。

首先，稱呼對方「〇〇先生／小姐」，名字要說的含含糊糊，讓對方聽不明

白，但是先生／小姐這個稱謂要說得很清楚。邊說邊掏出名片來，「我換了新名片，請多多指教。」名片其實沒改過也沒關係。反正應該沒有人會記得別人名片的印刷形式。

於是，對方應該會說，「是嗎？謝謝。」然後接過去。接下來他有可能就會主動掏出名片來，「那我這是我的名片，也請你多多指教，雖然還是跟以前的一樣。」

如果對方沒有拿出名片來，就主動向對方索取，「之前也拿過您一張名片，不過可以再給我一張嗎？」這麼做應該不可能會被拒絕。

也有人想用類似的模式，說「因為我的頭銜改了」或「我換單位了」這種藉口，雖然也可以，但如果事實上頭銜並沒有變更或並沒有調到其他部門，以後就有可能會發生問題。

只要拿到名片，就知道對方的名字了。仔細看清楚名片，接著就清楚的說出，「某某先生／小姐，您的名片上也印上了手機號碼呢。」隨便切到其他話題去就行了。如此一來，對方也就不會覺得奇怪了。

囧時刻的脫身法則

問對方的名字

在公司的聚會上，或與其他部門的同事、客戶一起喝酒時，雖然大致知道對方是哪家公司的什麼人，但有可能想不起對方的姓氏。又或者是，隱約記得對方好像叫山田或宮田，反正只記得大概是什麼田的，但是無法確定，或想不出正確的字。

隨便或大膽的在不確定的情況下向對方打招呼說，「您是山田先生吧？」雖然也是個辦法，但如果弄錯了，對方有可能會心生不滿。

「您是山田先生吧？」

「不是。」

「啊，對了對了，是宮田先生吧？」

「也不是。」

「咦？也不是宮田嗎？噢，對了，是永田先生。」

「不是。」

一直這樣猜測下去，就會陷入泥淖之中無法自拔。

這種情況下，有一種很酷的問法。

「請問您的名字是？」

這麼問對方就會說，「名字嗎？我是高山啊！」

一聽到他這麼回答便可以說，「不是，您的姓我當然知道。我問的是您的名字。我記得好像跟我祖父的名字很接近……」

對方應該會回答說，「我叫義男。」這時你便可以說，「噢，對對對，是義男。我祖父叫作義人呢。」接著就哈哈一笑帶過去就好。

如此一來，就能順利問出對方的姓了。

如果對方不記得自己的名字，就主動報上姓名

對方也有可能不記得你的名字，而你自己也只是隱約記得對方的名字。這種時候，只要自己報上姓名，「我是之前曾受您關照的○○。」這麼說就好，如此一來，對方如果也會主動報上名字說：「○○先生／小姐嗎？我是□□。大家互相啦，我也有許多地方承蒙您照顧了。」這樣就安全過關了。

如果談話時失去主動報上名字的機會，而你又發現對方似乎想不起自己的名字而感到困擾時，便可以說，「我宮崎可是號稱我們業務一課的潤滑劑呢！」像這樣以名字稱呼自己，藉由若無其事的拿自己的事當話題來告訴對方，也是一種方法。

關於人名，雖然也有業務員會主動說，「我實在很不擅長記人名呢。」但這絕對不是可以拿來自誇的事情。以此自豪的人當中，有很多人只有在以上對下的時候才會這麼說。

在有權勢的人當中，確實有一些任性又傲慢的人從來都不記別人的名字。這樣

還能在社會混得下去，應該是擁有相當權力的人吧？

因此，想不出對方名字的時候，一般人都會想盡辦法喚起記憶。為了避免這種痛苦，最好還是盡量在平時就用心記住別人的名字。

在第一次見面對方報上姓名時，就當場覆誦一次，然後在對話當中盡量稱呼對方的名字，這樣會比較容易留下印象。要是覺得好像會忘記，拿到名片時就先不要放進名片夾，把名片夾放在桌上，並將那張名片放在名片夾上。一邊說話，一邊偷瞄名片上的名字，然後在對話時稱呼對方的名字。

美女上司在電梯裡放了一個又臭又響的屁

公司裡有位向來被譽為美女，而且工作起來很強悍的女強人上司。事情發生在和她一起搭公司電梯準備前往客戶那裡洽商的時候。經過中間的樓層時，有七、八個人同時擠了進來，你們倆不知不覺被擠到後方。突然間從她的屁股發出了「噗——」的一聲，聲音響徹整個電梯，好幾個人都回頭往後看。

當你用眼角餘光瞄她一眼時，她卻低頭往下望。

雖然這是她的囧時刻，但是對身為部下的你而言，也是個囧時刻。她可能會因為自己的糗事被知道，就從此避開你這位男性部下，也有可能乾脆無視你的存在。

囧時刻的脫身法則

說「對不起」，替她背黑鍋

那麼身為部下該怎麼做才好？

有一個很經典的做法可以一口氣讓兩人同時脫身，那就是替她頂罪。

「對不起，是我放的。」

你可以像這樣認真的道歉，也可以搔搔頭，傻笑幾聲說，「嘿嘿，不小心放出來了，不好意思啦。」這麼笑著混過去也可以。

冏時刻的脫身法則

設計讓第三者頂罪

另一種辦法是，讓第三者當代罪羔羊來拯救女主管。

「噗——」的一聲，一知道那是她放的，就立即轉向站在你身旁的年輕男性隨便說，「噢，好好笑的聲音喔。真有意思。你今天一定走運囉。嗯，有硫磺的臭味，所以是狗屎運囉。」等等，說些無厘頭的話一笑置之。如果那位男性也不好意思的嘿嘿一笑，那是最好的結局。如果那個被你抓來頂罪的男性很認真的否認說，「不是我，不是我。」就繼續說，「唉呀，不過是一個屁嘛！有什麼大不了的？而且啊，年輕時放的屁還很有價值呢。是吧？」

繼續說著這種無厘頭的話，使出烏賊戰術就行了。

囧時刻的脫身法則

立刻放出更大聲的屁

還有一個奸險的辦法，就是在女上司放完屁之後，立刻放出一個比她更大聲的屁來。

只不過，如果同電梯的人反而說，「喂！放屁還能聯合演出呀？」或是「原來〇〇課的人都很會放屁。」那就表示他們知道誰是最先放屁的人，不但會讓上司更糗，自己反倒還會惹來一身腥。

招待客戶打高爾夫球的早晨，卻因前一晚的酒氣仍在而無法開車，慘了！

關於酒後駕車，在法律上的處置及公司內部的處分都是很嚴格的。

在台灣，酒後駕車、酒精濃度超過規定標準（吐氣所含酒精濃度超過每公升〇・二五毫克或血中酒精濃度超過〇・〇五％以上）者，當場扣車、吊扣駕駛執照一年，以及科處一萬五千元以上、六萬元以下的罰鍰。若拒絕酒測，則視同酒精濃度超過規定標準，並加重罰鍰為六萬元。

如果吐氣所含酒精濃度超過每公升〇・五五毫克，或血中酒精濃度超過〇・一一％以上還駕車，並因此肇事者，則觸犯刑法上的公共危險罪，將依法移送法辦，再處一年以下有期徒刑、拘役或三萬元以下罰金。

因酒後駕車被逮捕的話，恐怕會遭到公司開除。喝酒之後還自己開車回去當然是行不得，但是第二天早上也必須注意。因為酒精會殘留在體內，可能會適用酒後駕車的法條。

日本NPO法人「酒精藥物問題全國市民協會」（ASK）的資料顯示，因酒後駕駛而在職場受到懲戒的人當中，有三分之一竟然都不是在喝完酒以後被取締，而是睡了一覺之後，在第二天早上駕車時被逮的。

例如，有人是「和上司及同事在居酒屋喝完酒之後，在公司裡睡了一覺才開車」，有人則是「和友人連喝好幾攤，結果在九個小時之後的早晨，因為開車隨意變更車道被取締」，這兩個案例都因此遭到免職處分。還有人是「第二天早上慢跑並淋浴之後，才在開車上班途中被取締」，結果被停職一個月。

喝酒之後還敢開車就另當別論，但是在第二天早上開車時被逮到，那真是情何以堪。

倘若是開車通勤的人，隔天最好也不要開車，搭乘捷運或巴士等大眾運輸工具比較好。

不過，有時也會有昨晚喝的酒今早還留在體內，可是卻又不得不開車的情況。

比方說，遇到要招待客戶打高爾夫球，而且必須自己開車去載他的情形，真的很傷腦筋。渾身都帶著酒氣呢，怎麼辦才好？真是頭疼得不得了。雖然可以開車，但若遇到臨檢，絕對會被當作是酒後駕駛，考慮到這一點就真的不敢開車了，這可遇上冏時刻了。

冏時刻的脫身法則

找個人幫你開車

因為前晚喝酒而無法接待客戶打球或是延期，都是不可原諒的。那麼這個緊要關頭該如何脫身呢？

答案很清楚。絕對不能自己開車，所以只能找個人替你開車。

打電話給同事或部下，請他們幫你開車。最好盡量找那種不會帶來任何問題的對象。

然而，要是無法聯絡上這樣的人選，或者這麼做會導致遲到的話，那又該怎麼辦？

如果是已婚人士，就請配偶幫你開車。總而言之，就算是有貓的手可以借給你，也不能讓貓開車，所以就算得雇用打工仔，也要請別人開車，絕對不要自己當駕駛。這點非常重要。

早上起床仍是酒氣沖天時，就要拼命灌水。因為脫水的緣故，一開始可能不太會有尿意，但不久之後應該就可以排尿好幾次。體內殘留的酒精就會因此陸續排出體外。

先這麼做之後，再委託他人開車。跟自己要招待的對象只要用以下的說法說明即可。

「我非常重視今天打球的事情，但是昨天又因為工作非喝酒不可，為了避免被警察取締，才麻煩○○先生／小姐（或者是我太太／老公）幫忙開車。」

對方聽了就會認為你很守法，並且是懂得防範未然的能幹人物，對你的評價也會提高。

第一次見面卻忘了帶名片

與客戶或合作廠商第一次見面時，第一個動作就是交換名片。帶著些許緊張，正打算從口袋裡拿出名片來時，發現竟然忘了帶！西裝胸前的口袋掏了老半天，果然沒有。包包裡面找遍了，仍然一張也找不到。

「咦？我忘了帶名片夾嗎？」

歪著頭邊找邊喃喃自語，那模樣實在不怎麼帥氣。更別說對方正非常有禮的雙手拿著自己的名片等在那裡。

這種情況下，暫時就不要東翻西找了，先收下對方的名片比較好。

「我收下了。」先這麼說再當場致歉。一直翻找名片不但浪費時間，也會給對方帶來困擾。

應該很慎重的說，「真抱歉，我好像一時迷糊忘了帶名片。我是○○公司業務部的長島茂良。」

然而，光是這麼做還不夠。

當場親手寫張名片交給對方

也許大家會覺得忘記帶名片只是小事一樁，但若身為業務員，這可是很不應該的行為，可能會被對方認為，「連做業務員的基本禮貌都不懂」。光是讓對方這樣想，就已經造成負面影響了。

這是個小小的冏時刻。雖然這鐵一般的事實已經無法翻轉，但還是有亡羊補牢的辦法。

其中之一就是親手寫下手工名片交給對方。用筆記本或記事本的紙張寫下公司名稱、所屬單位、職稱、公司地址、電話號碼、網址、個人電子郵件地址以及手機號碼等內容，然後交給對方。在他面前寫也可以，藉故去洗手間一趟、在洗手間寫也可以。

字寫得不漂亮也沒關係，字跡整齊、態度慎重最重要。無論如何，都要當場解決眼前的問題，等回到公司後再立刻寫電郵跟對方道歉。然後，在當天趕緊把自己的名片郵寄給對方，能這樣補救的話，應該就萬無一失了。

另外，名片所需的張數有時也出乎意料之外的多。比方說，去客戶公司拜訪的時候，你以為只需要四、五張名片就夠了，結果卻有十個人出席。

有些聚會或派對上還可能會需要四、五十張。在這種場合，名片發完後，卻仍有人來跟你打招呼，你只能說，「不好意思，我的名片用完了……」這樣實在有點遜。名片還是多準備一些比較好。

為了避免忘記帶名片，不妨在西裝口袋裡、名片夾之外多放一張，永遠在錢包或記事本中夾一張，或是在公事包裡放一張，這樣會比較保險。

寫電郵給上司或客戶，卻把收件人的名字打錯了

在今日電子郵件在商場上扮演著不可或缺的角色，但由於並非是手寫，而是以鍵盤輸入，因此容易有輸入錯誤或選字錯誤的危險。

給重要客戶或上司的郵件裡，當然也有可能會寫錯對方的名字或公司名稱。

比方說，可能一不注意就把邱先生打成丘先生，或者把公司名稱〇〇鞋業打成〇〇協業。

對方當然會覺得不舒服吧？因為寫錯名字真的是很失禮的事。不僅如此，說不定還會被當成工作態度散漫的人。

對方若是重要客戶，也可能會因此生氣而取消交易；對方若是上司，就可能會降低對你的評價。

冏時刻的脫身法則

立刻以電話致歉

一發現弄錯，就必須立刻道歉，但不可以用電郵道歉。一定要打電話致歉。

「真是非常抱歉，我犯了很失禮的錯誤。以後我會加倍小心。」

必須像這樣慎重道歉。對方是重要人士的話，最好打完電話之後，立刻親自前去拜訪，當面致歉最為上策。對於商場上的人際關係，就是要這樣用心才對。

倘若以為「不過是弄錯一次名字罷了，沒什麼大不了的。」這種天真正是一種陷阱。

為什麼不能用電郵道歉？因為和電話比起來，電郵顯得比較沒有誠意，而且年長一輩的人特別在意這點。

「真是個什麼都想用電郵來打發的傢伙。壓根就不懂什麼是作生意的基本道理。」也許直接就排斥你了。

況且，人犯錯之後通常會產生焦慮，在精神萎靡的狀況下，恐怕很有可能在操作電腦時會重蹈覆轍。

另外，被弄錯名字的一方，並不一定會通知寄出錯誤郵件的人，這點請務必牢記在心。

因為有些人會覺得不好意思告訴對方，「你弄錯我（我們公司）的名字了」，因此不願通知。所以，賀年卡什麼的連續好幾年一直寫錯的情況也是有的。

這是現實生活中會發生的事情，所以不單是業務員，任何工作性質的人都不能懈怠，要時時注意別把公司名稱或人名弄錯了。

以電郵致歉，結果對方回了一封怒氣沖沖的信

從客戶那裡寄來一封關於帳款發生問題的電郵。經過調查之後，發現是我方先前傳達的訊息有誤。所有的錯誤都是我方犯的，便立即以電郵致歉。

然而，對方卻馬上回了一封信，很憤怒的表示，關於傳達的內容已經了解了，可是用電郵道歉讓他們很不高興。對方是重要客戶，這下子可慘了。

冏時刻的脫身法則

不只打電話，還得親自前去道歉

這種冏時刻該如何脫身才好？最糟糕的就是立刻又用電郵道歉。這樣表示你完全不能理解對方生氣的理由，雖然很白痴，但實際上還真的有這種完全不懂商業禮儀的人。

為了讓對方消氣，必須立刻以電話道歉，之後再直接當面賠罪。

另外，若對方無法以電話聯絡上，就直接到對方公司親自道歉；如果沒能見到本人，也可以用手寫方式留下道歉的話語再回去。

基本上，道歉不可以用電郵，必須先以電話致歉，這是商場上的基本禮儀。

不是什麼都可以用電郵溝通，這種風潮現在有強化的趨勢。尷尬的時候用電郵表達當然是比較輕鬆，但如果習慣之後，很有可能會掉入無法收拾的深淵之中。

沒有惡意，卻在無意之間說出失禮的話

其實沒有什麼惡意，卻在無意之間向對方說出失禮的話，令人家覺得不愉快，這種事情在現實中常會發生。

比方說，在不動產業工作的人和客戶聊天之際，竟說出，

「那附近還有剩餘的土地吧。只是不得不小心的是，那裡有田地，而且是風化層呢，風一吹土就剝落得很厲害。若是靠近田地的透天厝可就辛苦囉。」這種話來。

話匣子一打開就停不下來，後來才發現對方正好住在那裡。

冏時刻的脫身法則

把失禮的話轉為正面

不小心說出失禮的話，對方一定覺得不開心吧？

這種時候該如何脫身才好？那就是把話題轉為正面的。發生前述的情況時就說，「原來您住在那附近嗎？那附近的番薯真是天下極品呢。我最喜歡吃番薯了，所以每年秋天都會特地跑去買。那邊也可以買到很多新鮮的蔬菜呢。」

像這樣轉換話題，對方也應該會跟著附和，之前那些令他不愉快的話，也就可以隨風而逝了。

如果完全不了解對方的經歷、背景，那麼就千萬要避免批評或否定某些特定的地方或學校才保險。

實際上，也有人會不小心說出「○○大學的學生素質真的是不怎樣呀。」這種帶有鄙視意味的話，結果對方正好是那所大學畢業的。

還有，即使是闡述有關普遍情況的意見，對方也有可能會自己對號入座，人就是有這種傾向。

對於住處是買的還是租的、有沒有小孩、出身南部或北部等話題，也要避免作偏頗的評論，這些事平常都必須要求自己銘記在心。

通勤時在擁擠的捷運中沾到口紅，但今天要直接去客戶那裡，真糟糕！

在客滿的捷運中，身上偶爾會被女人的口紅沾到。上班族多半是穿深色西裝，即使沾到了也不會太醒目。然而，若穿著淡色西裝就會很明顯。最困擾的就是白色襯衫，因為肯定能清清楚楚的看出是唇印。

胸前沾著口紅印去拜訪客戶，對方會怎麼想呢？坐在沙發上面對面時，目光很容易停留在胸前。就這麼帶著唇印，也許會被對方指出，「你胸口上沾著口紅印呢。」如果這樣，只好裝作之前並沒發現，然後傻笑著說，「啊？怎麼沾到了呢？真傷腦筋。」這樣會讓人覺得你好像沒什麼規矩，而且很脫線。

這可麻煩了，這種小小的冏時刻該怎麼辦呢？

如果公司位在市區內，即使在早晨的尖峰時刻，也應該有賣襯衫的店家已經開門了。如果附近有這樣的店，就趕緊去買來換上。

找不到這種店的時候又該怎麼辦？肥皂是洗不掉口紅印的。有些便利商店販售有攜帶型卸妝棉，可以買來使用，但如果到處都賣不到的話，就有點麻煩了。

囧時刻的脫身法則

自己坦白招認

不得已必須穿著沾到口紅印的襯衫去上班或拜訪客戶時，該怎麼辦呢？

有一個辦法就是在對方發現之前自己先坦白招認。

「說起來真是難為情，今天早上搭的捷運客滿了，結果身上沾到女生的口紅了。一大早就讓您看到我這麼狼狽的樣子，真是不好意思。」

以認真的表情，做出十分惶恐的樣子就可以了。如果對方笑著說，「哈哈，一大早就被沾到了呀？」開玩笑似的就這麼接受了，事情也就了結了。

怎樣？有什麼問題嗎？
這條領帶的花色就是唇印啊。

上班族也許都有類似的經驗，對方如果跟著說，「其實我也曾經發生過西裝背後沾到口紅印的事呢。而且那時是夏天，我穿

淡色衣服，自己都沒發現，結果還被女同事取笑說『真噁心』，害我嚇出一身冷汗。」

這樣還可以藉著談論口紅的話題聊開來，商量正事時說不定會更加順利。

客戶暗示要你收受回扣

在商場上賄賂是常有的事。有些廠商為了拿到訂單可能會用盡各種手段，而賄賂就是其中最典型的、也最常見的方法。

然而，收賄和行賄在刑法上都是犯罪行為。即使是民營企業也一樣，因為那會使公司的利益受損。

有時廠商提議你收回扣是帶點強迫的。

斷然拒絕，然後當作沒聽過這回事當然最好，只是事情往往沒有那麼單純。原因就是，有時候前任負責人，甚至前前任的負責人都收賄，已經可以說是慣例了。而且連你的上司都收了，所以如果被回這麼一句，「其實你上司〇〇經理也清楚這件事呢。」還真不知道該怎麼回答。

「我不會說出去的，但請你當作沒這回事吧。」

即使這樣拜託，但是對方若和你的上司私底下有往來，關係也很密切，應該馬上就會通知他有關你拒絕回扣的事情。

另外，有時也有那種長年都依慣例收受客戶的財物餽贈，而且整個部門都分配到了，已經是老規矩了，只是調到該部門後才知情；也有人在拒絕收自己那份時，被威脅說，「只有你一個人拒絕，你的立場會很不妙喔。」

冏時刻的脫身法則

不僅要拒絕，更應該通知公司內的政風處

無論哪種情形，都是個冏時刻。答案只能二選一，接受或是不接受。

不接受的話，也許之後上司和同事會故意找你麻煩，甚至排擠你也不一定。一考慮到這點，即使並非本意，也有人乾脆接受，加入收賄的行列，這也是上班族的一種選擇。

如果斷然拒絕，也只能直接告上最高層或公司的政風處，揭露同仁收賄的事實。只不過，換個角度來看，揭發貪污這件事也算一種告密、背叛的行為，日後在公司裡的日子可能也不會太好過。

跟重要客戶應酬時，把對方的拿手歌曲給唱掉了

和客戶應酬，喝完酒之後，一起去唱卡拉ＯＫ時，也有一些默契規則存在。一般會按照地位或權力大小來排序，由下位者先唱，但這便是危機所在之處，因為會有人不小心唱掉上位者的拿手歌曲。

不知道上司的拿手歌曲是什麼，結果不小心先唱掉了，真是不知將上司置於何地。上司本來計劃唱首自己最拿手的感人歌曲作為壓軸，然後接受部下和客戶的喝采。這明明是他最值得自豪的時刻，唉，誰知道遇到這傢伙這麼不識相，上司心裡肯定十分不悅。

周圍的人也因為不知所措，只好不聽歌而拼命找話題講。整個氣氛可真是尷尬到了極點呀。

冏時刻的脫身法則

假裝沒發現硬拗過去

不小心唱完之後才發現，這首歌好像是上司或客戶公司中的重要人士的拿手歌曲。那麼，這個冏時刻該如何脫身呢？

最好的方法就是直到最後都裝作沒發現，硬拗過去。

等到最後輪到上司上場時，部下或客戶公司的職員應該也都會裝作沒發生過這個小意外，而幫忙哼著上司的招牌歌前奏，讓上司有點面子。這個時候你也跟著一起哼歌就好。

上司因為剛剛發生的小意外有點擔心或介意，也許臉上會露出尷尬的表情，但是你只要跟著其他人一起歡呼就好。

如此這般，當天晚上就裝作什麼都沒發現矇混過去，是最明智的做法。不過，下次有機會的話，在上司唱歌之前要搶當主持人，趁前奏時好好幫他介紹一番，來補救自己先前犯的錯誤。

客戶提出無理的要求，而且很難拒絕

擔任重要客戶的聯絡窗口，業績的確因此變得比較好，但是也衍生出許多不方便，因為客戶有時候會拜託一些跟工作沒有直接相關的事情。

比方說，職業棒球賽的後半季，只有幾場勝差正在爭奪優勝的巨人阪神三連戰。第一戰在一週之後，於是客戶要你想辦法幫他拿到四張第一戰的入場券。

「你們不是都會登很多報紙廣告，應該跟一些大型廣告代理商很熟吧？而且你每次都跟我說，『有什麼困難的話都歡迎跟我說。我一定會盡量幫忙。』那麼這件事就拜託你囉。」

跟廣告代理商再怎麼熟識，也不可能呼風喚雨的，而且三連戰的票根本早就銷售一空了。

還有接近年底時要你想辦法買到出國旅遊的機票，或者拜託你幫忙為家人找工作，什麼請託都有。

冏時刻的脫身法則

跟對方說，「我會試看看。」過幾天再告訴他實在沒辦法，並向他道歉

如果什麼都不做就拒絕，對方肯定無法接受，有時還有可能暗示以後不願再跟你交易。然而，以前面所舉的例子而言，根本就不可能買得到票，這時候該怎麼脫身才好？

方法是，對客戶說，「這件事恐怕有困難，但我會盡量試試看。」把自己會努力辦到的心意表達出來。過三、四天後再鄭重的跟對方道歉，「各方面的關係我都動用了，還是沒辦法。沒能幫上忙真是抱歉。」

像這樣回覆的話，對方也能理解，日後再以其他形式補償他就好。

在客戶那裡作簡報，假髮卻歪了

在客戶那裡進行一項重要企劃的簡報時，原子筆不小心掉到桌子下面去了。於是，你便坐著彎下身，想把筆撿起來，撿到之後要坐正時，頭卻剛好稍微碰到桌子邊緣。

糟了，假髮好像歪了。坐回椅子後，表情鎮靜的面向前方，結果對方公司的職員卻瞪大眼睛看著你，目光好像明顯的投向頭頂……

這該怎麼辦呢？實在不想被人知道自己戴假髮。

冏時刻的脫身法則

邊說「我可以隨意移動我的頭皮」，邊實際動給他們看

這個冏時刻該如何脫身才好？

對方顯然發現有可疑之處，但當他們往你這邊看過來時，你還是把手放在頭上說：「咦？你們在看我的頭嗎？其實我的頭皮非常柔軟，可以像這樣前前後後隨意動來動去。」

一邊說著，一邊藉由手的力量，使頭皮（假髮）前後動給他們看就可以了。最後用兩隻手按住假髮，確認假髮已經固定妥當。

接下來再說，「可能會有人誤以為這是假髮，不過這其實是我的特技呢。」自己拗回來，然後用非常嚴肅認真的表情說，「現在更重要的是我們的簡報。」如此一來，就可以明快的讓這個冏時刻劃下休止符。

在客戶那裡閃到腰

為了工作到客戶那裡拜訪，被帶到會客室去。那裡有座沙發，於是很聽話的坐在那裡等。這一等就是十分鐘。對方終於出現了，正打算站起來跟他打招呼，腰卻突然閃到，完全站不起來。

再試一次，勉強想站起來，一陣劇痛襲來。對方看著這一切，露出訝異的神色。

好不容易卯足全力絕對要取得合作機會，這麼一來完全談不下去了。

冏時刻的脫身法則

力量集中到腹部，然後慢慢站起來

只要曾經閃到腰的人就會知道，這種事別人想幫也幫不上忙。

身體一動，腰部肌肉就會激烈收縮，疼痛難當，完全動彈不得。

無論如何，盡量穩定下來不要讓肌肉收縮，除此之外別無他法。

屏住呼吸，將力量集中到下腹部，也就是要讓腹部肌肉緊張。因為腹部前後的肌肉是互相牽制的，因此，腹肌一緊繃，腹部後側，也就是腰部的肌肉負擔就會減輕。所以，腹肌一緊張，閃到的腰多少能獲得紓解，應該就站得起來了。

起立的時候，手要頂著腰。大拇指放在腰後按在脊椎旁邊，其餘四指按住腰前側。在大拇指用力的同時腹肌也用力，效果會更好。

總算站起身之後，腳尖用力，讓身體上下動一動，或者慢慢的轉轉腰部。這麼做可使腰部的肌肉得以伸展，應該頗具有緩和作用。

長時間坐著工作，會對腰部造成很大的負

擔，就容易閃到腰。腰不舒服的時候，切忌坐柔軟的沙發，因為腰會縮起來，腰就容易閃到。

到客戶公司拜訪有時不得已必須坐沙發。遇到這種情形時，就坐得淺一點，背脊挺直，腹肌用力，就不會閃到腰了。

另外，簡單的向對方說明原由，借一張辦公椅來坐，也是可以的。

第四章

生活中的罔時刻

差點被當成色狼逮捕

全日本一年當中究竟有多少人被錯當色狼逮捕呢？

被當成色狼逮捕就完了。因為警方很重視女性的證詞，無論你如何抗辯都會先被帶到警局。若進了偵訊室接受訊問，恐怕就無路可逃了。

拘留期限是二十一天，即使拼命否認，也不見得能獲得釋放。拘留期限若延長，即使嫌疑人持續否認，仍會被當成嫌犯起訴。這時警察會規勸你說，如果認罪的話就可以只繳罰金，雖然會留案底，但是不會留下前科紀錄，要你承認犯行。明明沒有做，當然不想承認。然而，即使持續否認，大多數的人最後還是會

以違反性騷擾防治法或以輕罪處理。堅持主張沒犯案，最後卻因此遭到判刑的例子也是有的。

接著就是因犯罪被公司解雇，有些人的家庭還因此破碎，一輩子冠上色狼的污名。

整個人生都毀了。要洗清冤屈談何容易，花上數年光陰打官司，即使最後勝訴，失去的也太多，已經無法挽回了。

冏時刻的脫身法則

能逃就逃

被錯當色狼的時候，勝負是當場決定的。如果當下判斷逃得掉，趕緊在第三者介入之前逃走最好。

「你剛才偷摸我對吧？」「這個人是色狼！」如果女性這樣大聲嚷嚷，即使手被她抓住，也要很快的說，「我沒有。」或是什麼都不說並用力甩掉她的手，火速逃走。

如果繼續待在現場，即使再怎麼辯解，「不是我啦，站在我旁邊那個中年男子才是色狼吧？」也無濟於事。

另外，若是說，「如果我不注意的時候有不小心碰到妳的話，那我向你道歉。」這種話反而對自己不利，這表示你承認在非故意的情況下真的摸了對方。我不認為有任何女性會在你這樣表示之後就說，「如果是這樣，那也不能怪你了。」而放你一馬。所以為了保護自己，最好別那樣說。

冏時刻的脫身法則

被帶往站務室時，馬上用手機打電話叫律師來

「你就是色狼吧？」「不、不是我。」兩個人僵持不下時，會有第三者介入，但是一旦如此就麻煩了。接著站務人員會過來，然後將你帶到站務室。

如果搭乘的是火車，就會有鐵路警察隊前來調查，然後把你送到最近的警察局，要是走上這條路就很難脫身了。

如果逃不掉，發現自己可能會陷入這種情況時，在警察來之前，趕緊用手機聯絡朋友、熟人或家人，拜託他們趕來幫忙。

若已進入被警察帶去訊問的階段，將會被禁止對外聯繫，所以，必須在走到這一步之前就聯繫上親友。

打電話給親友，請他們找律師來，並且找在警界有關係的人或政治人物等，只要是可以對警方說得上話的人都可以。在一開始就把這些人找來是非常重要的。

以前就常有那種違反交通規則後，私底下透過政治人物關說，請警察高抬貴手的事情。這個也是一樣。

必須為搭滿載捷運通勤的上班族講解，如何不被誤認為色狼的方法，現在這個時代已經演變到這種地步了。

方法林林總總。

比方說，有些人站著時雙手一定都拉著吊環；兩手都吊著，手就不可能接觸到別人的身體。

也有一種方法就是手上經常拿著包包或報紙。雙手都拿著東西的話，就不可能還會去碰觸別人、做一些色狼的行徑。

如上所述，只要雙手都處於無法使用的狀態，被當成色狼的機率就會大幅降低。

另外，如果發現身旁有看起來像色狼的男性，就離他遠一點。

手上一直拿著東西，並盡量不要亂動。

即便只是包包的邊緣碰到，都會被認為可疑，也可能被怒目而視。拿東西時要注意盡量別觸碰到其他人。要是捷運搖晃時不小心碰到，便立即道歉說「對不起」、「抱歉」。

如果被誤認是色狼，也千萬不可說出「我怎麼可能摸你這種醜八怪？」這種粗魯侮辱的言詞。這只會激怒對方，恐怕會讓事情更加難以收拾。

在捷運上，看到有女性遇到色狼

早上搭捷運通勤時，上班族的腦袋裡想的應該都是希望上班不要遲到這件事吧？

正想著「應該差不多剛好來得及」的時候，發現有女性遇到色狼了。可是，如果插手的話，上班就可能會遲到。

若是站在自己身旁的人對女性伸出魔爪，通常都會約略知道。這是因為自己也會做這種事？那倒不是，而是因為做那種事的人動作和姿態都不太自然。比方說，把報紙折起來用一手拿著，好像想遮住臉，上半身卻一直往後仰之類的。

站在附近的女性被人吃了豆腐，卻不敢吭聲，如果看到這種事，該怎麼辦呢？挺身而出，上班也許會遲到，可是男人在這種時候不就是應該出手相救嗎？

對那位女性來說是個囧時刻，那麼該怎麼做才能拯救她呢？

冏時刻的脫身法則

如果沒有勇氣逮住色狼，就往他的屁股摸下去

能對著那個男人說「住手」來制止他當然是最好的。如果他不肯聽，就一把扭住他的手。可是如果有這個勇氣，卻對自己的腕力沒有自信的話，也不能這麼做。

那麼沒有勇氣、對腕力也沒有自信的人該怎麼辦？方法很多。最簡單的就是大聲喊叫。

大叫「這裡有色狼！」或者用手指著那個男人並大叫「這個人是色狼！」比較謹慎的男人，會盡量做得迅速、巧妙，以讓人無法發覺是誰喊的。

或者，也有以下這種取巧的方法。

若正好站在色狼身後，就摸他的屁股，可以用類似色狼的手法輕輕的摸，也可以猛力捏住。還有一種方法比較粗暴一點，就是從後面伸手到色狼的跨下，稍微用力捏他的睪丸；如果站在色狼的斜對面，也可從正面抓住他的陰莖或睪丸。對方一定會嚇到，因為碰到這種意料之外的狀況，很可能就會放棄騷擾行為。

在馬路上突然被歹徒襲擊

近來，「管他是誰都好」這種路上隨機殺人的事件頻頻發生。雖然這些人的動機不明，但一般認為這些人是因為對整個社會心懷怨恨，因此襲擊對象無論是誰都可以。

冏時刻的脫身法則

頭也不回的拼命奔逃，萬一跑不掉就用包包抵擋

某天，你看到一個行為詭異的人拿著刀子或凶器不由分說的襲擊他人，而且他好像正朝著自己的方向而來，危險啊！

這時候該怎麼辦呢？這時除了盡快逃離現場之外別無他法。

如果動作太慢來不及逃跑，千萬不可以注視對方的眼睛。因為這些人襲擊的對象多半是和他目光交會的人。眼神若是對上了，對方會認為你對他懷有敵意，你被襲擊的機率就會提高。

萬一真的逃不掉，對方攻擊過來的時候，可以用包包等物品抵禦；若是雨天，雨傘也是防身利器。有不少人利用這些道具來保護自己，因而減輕所受到的傷害。經常攜帶雨傘或包包是平日防範暴徒的方法之一。

被不良份子纏上

在繁華地段或車站等熱鬧擁擠的地方，有時候不過是因為肩膀擦撞等微不足道的原因，就被不良份子給纏上。

「喂！撞到人連一句對不起也不會說嗎？你是想跟我挑釁嗎？你就比較高級嗎？有種就來試看看啊？」

邊說邊用非常可怕又凶狠的眼神看著你，揪住你的衣領，好像下一刻就要出手揍你了。這下該怎麼辦？

冏時刻的脫身法則

一個人自導自演，讓對方傻眼

如果對自己的臂力有自信，也不膽小，能堂堂正正的面對也很好。然而，最好還是別和對方打架，因為有受傷的可能，說不定連命也會丟了。即使打贏了，如果使對方受傷，就算是為了防衛，也會因暴力的罪名遭到逮捕。

總之，要避免這樣的事情發生，低頭求饒是最好的方法，但有時候對方並不會那麼輕易饒了你。

這種情況下有種脫身方法——演一齣小小的戲。

比方說，如果對方的年齡和自己相仿，就假裝對方是自己的幼稚園或小學同學。

「咦？你，你是吉田家的小健吧？我是田中家的小幸啊！幼稚園的時候，你很照顧我呢，總是保護我不讓我被欺負，不是嗎？」

當然，對方一定會心想你在說什麼鬼話，覺得你很莫名奇妙，而露出訝異的表情。但是沒關係，就繼續說，「真的好高興！可以在這裡遇到你，當時你真的幫了我很多忙呢！」

然後就反覆說著「謝謝、謝謝」這種充滿感激的話，也可以拉拉對方的衣袖，這樣會讓演出更具有真實感。

對方肯定會摸不著頭緒，也會覺得焦慮，因為你一直道謝，一副很歡喜的樣子，他也沒辦法對你動手了。於是，最後他也只好說，「到底在亂說什麼，煩死人了。夠了！你給我滾吧！」就停手了。

還有一種更誇張的演技脫身法。

比方說，只要對方一副好像要找碴的模樣，就立刻大喊一聲並倒地不起。假裝是因為突然有人要對自己施暴，一時震驚而心臟麻痺的樣子。很難過的抓著胸口，身體也跟著扭動，對方肯定會很驚訝。記得，臉上要做出扭曲、痛苦不堪的表情。

自己突然來一場誇張的表演可能也很有效果，例如：彷彿野獸般的大聲吼叫，同時手腳不停揮舞；或者像幼兒那樣，躺在地上耍賴；手腳不停擺動，模仿蟑螂的模樣，也是一個辦法。像腦袋裡的螺絲卡住一樣，說著「我是誰啊？」突然傻在那裡也可以。用以上方法一個人自導自演，對方也會因為不想理會你這種人，而自己走開。

有人來向你借錢

從小錢到大錢，相信誰都遇過別人向你借錢的事。

對一般上班族而言，所謂的大錢就是五位數，也就是萬元以上吧。會來借錢的人當中有些人是累犯，也有些借錢大王是專門借小錢。

「不好意思啦，可不可以借我三千塊？」

他知道借個三千元對你來說不痛不癢。如果你說三千元不行，他就會說那麼兩千也可以，不、一千也可以，金額越降越低。更機車的傢伙連五百都借。這種人如果想借十萬，他打的算盤就是與其跟一個人借十萬，不如跟十個人借一萬。因為一萬元比十萬元更好開口，借到的可能性也更高。

還有，十個人當中一定會有一些人是比較好說話或比較仁慈的，不會勉強你還錢。如果需要的是一萬元，就向十個人各借一千，債主也會因為金額實在很小，所以如果對方裝作沒這回事，也很難開口討回來。這是利用人性弱點的惡質借錢法。

另外，最棘手的就是同事借錢的情形，若是拒絕，一定會有人到處散播「那傢伙是個吝嗇鬼」的謠言。

冏時刻的脫身法則

以讓對方不得不放棄的理由來拒絕

那麼遇到人借錢時該如何拒絕呢?方法之一就是向對方說,

「我有老婆孩子要養,又有房貸,實在沒有多少錢可以自由運用。說起來很令人難堪,但事實就是如此,真是抱歉,你還是請別人幫忙吧。」

把自己不堪的一面全盤托出,這是自虐式的拒絕法。

還有,自古以來常被用來拒絕借款的名言就是,

「我家代代相傳的祖訓就是,不能借錢給人家。」

平時在公司或與工作有關的人聊天時,只要談到跟錢或借錢有關的話題,就立刻宣傳自己的祖訓,如此一來,大家應該就會留下「你不願跟人有金錢往來」的印象。往後在遇到別人借錢的時候,說出這種捏造的話就會更有說服力。

「我家到曾祖父的前一代為止,都是很有錢的資產家,可是我曾祖父因為幫朋友當保人,而失去全部家產,導致家道中落。自此之後,我家的家訓就是不借錢給人。」

還有，平常錢包裡不要放太多錢，也是一種間接的防禦手段。只要讓對方看看你那個只放了幾張百元鈔票、總金額不超過一千元的錢包，然後說，「你看，我只帶這麼多錢，沒辦法借給你。」對方應該就會接受，然後摸摸鼻子打消念頭。仟元大鈔則另外放在其他錢包裡就好。

另外，在公司裡還是少提因為做股票或炒外匯、賽馬而發了橫財的話題，會比較安全。有些人一聽到這種事，就會說「讓我沾點光、分點好運」之類的話，而來跟你借錢，甚至想分一杯羹。

恩人來拜託你當借款的連帶保證人

做別人的連帶保證人，或以自己的不動產幫別人設定最高限額抵押權，真的很可怕。俗話說，人呆為保，替人抵押這種事真的萬萬不可。

連帶保證人被視為和債務人立場相同，債務人無法還款時，連帶保證人負有相同的支付責任。

抵押則是把自己所有的土地或房子做為他人貸款的擔保，以獲得一定額度的融資。若設定最高限額抵押權，通常能獲得最大極限的貸款，例如：設定抵押貸款一千萬元，若一年後必須償還的本金剩下八百萬元，就還可以再借兩百萬。

如果債務人有滯還貸款的情形，那麼幫人設定抵押做擔保者就產生支付義務。於是，無論之前已經還了多少錢，都必須全額償還設定抵押額度的總金額及利息，這是這種抵押最可怕的地方。

已經幫別人當保證人了，所以無法以自宅作抵押擔保

如果有朋友、親戚拜託你當保證人，該如何拒絕才好呢？「即使我們的關係很親密，但這件事情真的不行，實在是沒辦法。」如此清楚明白的拒絕是很重要的。

如果讓對方認為你有所猶豫的話，就對你不利了。對方一提出來，你就必須斷然拒絕。如果說，「我會跟老婆商量看看，不過她應該會說不行吧。」類似這種好像會考慮的曖昧答覆，對方就會自以為是的認為，「只要太太點頭就沒問題了吧。」到時候一定會逼你答應。

由於對方已經走投無路了，也有可能說出「那我直接去拜託你太太吧」這種話來。

問題就在於對方對你有重大恩惠的情況。這樣的對象不但很難拒絕，基於情分也會盡量想幫助他。

我是由第一印象決定你當保證人的。
請多多指教！

然而，還是絕對不能當保證人，或是以自己的財產讓別人去申請最高限額抵押權。

要拒絕必須有更正當的理由。

對方拜託你當連帶保證人，是因為你有房子等財產可以拿來抵押，因此有以下這種拒絕法。

「我家的土地跟房子都是以我父親的名義買的，不是我的。雖然我很想拿來借你抵押，但是很抱歉，我真的幫不上忙。」

或者是，

「其實我家的土地跟房子都是我跟我父親共同持有的，不能單憑我個人的意思決定。」

不是事實也沒關係，就這麼解釋。不過，對方也許會窮追不捨的說，「那麼只要得到你父親的諒解，就可以幫我抵押了吧。」這時候

你可以回他，

「我父親過去的事業夥伴為了籌募事業資金而心煩不已，我父親看不過去，已經把不動產拿去給他作抵押了，我們也為此感到很困擾。」就這樣抵擋，讓他知難而退。

即使被對方責備「忘恩負義」，也必須守護自己的財產，總之，要清楚明白的拒絕。即使因此破壞雙方的關係，也是無可奈何的事。

有時候不是被要求借不動產作抵押而是當保證人。如果對方無法償還貸款的話，做為保證人一定會被債權人要求代為償還。如果付不出來，也許迫不得已得處分財產來償還。另外，若對方跟不合法的地方借款，更會被強迫賣掉房子和土地來還款。

不當他人貸款的保證人才是明智之舉，這應該不需要我再多作說明了吧。

守靈之夜，笑意湧現，忍不住笑場

在莊嚴的僧侶誦經聲中，安靜得連一聲咳嗽都聽不到。這是個守靈之夜，只是因為工作上的關係而出席，個人對亡者並沒有特別的感情，也不怎麼悲傷，只覺得無聊。

怎麼不快點結束呢？應該備有齋菜吧，上完香真想馬上喝杯啤酒。喉嚨覺得很乾，正這麼想著時，望著僧侶的背影，發現他的頭好尖。

真是奇特的尖法。「尖頭歐吉桑」，真滑稽，想著想著笑意突然湧現。特別是頭頂的部分尖得真漂亮。好有趣，實在忍不住想笑出來。

真的笑出來就糟了。於是憋著不笑，可是越憋越覺得好笑。忍不住笑場的話就太失禮了，可是越壓抑笑意，就越是忍不住吃吃竊笑。右邊站的是上司，左邊是客戶公司的職員，兩人都用怪異的眼神看過來。

上司一本正經的坐著。「什麼嘛，裝得正經八百的。」這時，前幾天大家一起上酒店時，上司那副蠢樣突然浮現腦海，於是覺得越來越好笑，更加忍俊不住了。

在守靈夜或告別式裡，就是有些人不明所以的忍不住笑場。漫畫家蛭子能收先生就是在父親的守靈夜突然想發笑，只好拼命忍住，結果聽到前面也有人在竊笑，正納悶是誰時，竟發現是他的兄長。兄弟倆不知道為什麼都有在守靈夜笑場的性格。

冏時刻的脫身法則

用手帕遮住嘴，眼睛泛淚，假裝正在抽噎

這個冏時刻該如何脫身呢？

要是忍不住竊笑的話，就用手帕捂著臉，裝作眼泛淚光、正在抑制抽噎的樣子。因為想哭的時候，若是拼命忍住，也會抽搐。

如果還是止不住，就用手帕蓋著臉，趕緊離席到洗手間去，關起廁所的門，再一邊沖水一邊盡情的笑。盡情笑完應該就沒事了，然後若無其事的回到位子上。

上香過後入席用齋時，上司要是問你，「剛才是怎麼回事？」

就隨便說是「想起過世親友的事，突然覺得很難過。」隨便編個理由說明就可以了。

上香時，腳麻了站不起來

雖然守靈夜或葬禮、法事的做法眾多，有時候會在和式會客廳舉行。

僧侶總算誦完經，輪到列席者依序上香了，但輪到自己時卻突然腳麻到站不起來，或是站起來時跌了一跤，慌慌張張連忙爬起來，卻又跌了一跤。

這樣丟臉丟到家的人，還真的有呢。模樣雖然很滑稽，但那是個嚴肅的場合，看到的人雖然覺得好笑，卻也不能笑出來。

冏時刻的脫身法則

別站起來，用膝蓋前進

那麼，為了不讓自己當眾丟臉，該如何從這種冏時刻脫身呢？

辦法之一就是，別勉強自己站起來，就用膝蓋前進吧。出席人數少的法事，或是上香處與跪坐位置距離很近的話，用這種方法多半就能矇混過關，而且以膝蓋前進又顯得禮數周到。

　　或是，站起來的時候，不要用手扶地，先伸出一隻腳，靜止數秒；接著伸出另一隻腳以膝蓋著地站立，維持這種姿勢數秒之後，再站起來。這麼做可以緩和麻痺的感覺。

　　如果腳麻了或痛了，就讓腳上下交替，有緩和麻痺與疼痛的效果。另外，如果要預防腳麻，跪坐的時候，不要把所有體重都放在腳踝上，應該把重量平均分布在整隻腳上會比較好。

因為超速被開罰單，還被吊扣駕照

因為超速或違反交通規則被警察攔下來。努力辯白，企圖逃過一劫，卻因證據充分又無法辯駁。被開了罰單，繳罰金實在很心痛；可是駕照被吊扣的話，工作上又需要開車，若不能開車將會對工作帶來很大的不便，搞不好還會被公司開除。

冏時刻的脫身法則

拜託政治人物去找警察關說

要從吊扣駕照這個冏時刻脫身，唯有走後門了，也就是動用關係去幫你關說。那麼該拜託誰？當然是與警界有關的人物或政治人物吧。對警察而言，政治人物說的話才有分量。

自古以來，政治人物的辦公室就是萬事包辦的諮商所，像是關說入學或安插工作，交通罰單銷單也是服務之一。除了是因為選舉的時候需要選票，這麼做也可以向支持者證明，自己在地方上的確是有影響力的政治家。

在嚴格執行交通違規處罰的現在，這種方法是否還適用我並不清楚。然而，若被吊扣駕照而導致失去工作、陷入絕境，那就萬事休矣。所以就死馬當活馬醫，去拜託一下政治人物或在警界有關係的人物，總是一個辦法。

只是，為了這個目的平常就必須和地方上的政治人物密切往來。另外，如果沒有這方面的關係，也可以拜託和政治人物有交情的人幫忙。

魚刺鯁在喉嚨

午飯時吃了魚，結果一不小心有小刺鯁在喉嚨裡。雖然死不了，但是這麼一來就無法冷靜的工作。這是跟身體有關的小危機。

悶時刻的脫身法則

一口氣吞下一團米飯或麵包

從以前坊間就有很多取出小魚刺的方法。最典型的方法就是把一團飯完全不嚼的一口吞下。吞個兩、三次，大概就可以拔掉魚刺了。

意外有效的竟是日本東京巢鴨高岩寺拔刺地藏菩薩的符，吃掉一張之後，咦？插在喉嚨上的小刺就很不可思議的輕鬆去除了。靈驗到令人吃驚。

如果有爺爺奶奶去高岩寺參拜的話，就請他們幫你買幾張符，當作是護身符隨身攜帶吧。

在上司被魚骨刺到的時候，這一定會有幫助。也許對方會因此覺得「嗯，這傢伙有一套。」而對你另眼相看，你的評價也會提高。

值得一提的是，魚骨的軟硬度會因魚的種類而有所不同。鯛魚的小骨頭特別硬，所以如果是這種魚的骨頭鯁在喉嚨的話，會特別棘手，最好小心處理，有時候還是到醫院請醫生拔掉會比較好。

吃年糕時噎住了

新年過後，彷彿慣例似的，總會看到春節期間又有幾個人因為吃年糕噎到而身亡的新聞。雖然大部分是高齡者，不過也有一些是幼兒。

高齡者吃年糕時之所以容易噎到，是因為吞嚥機能下降的緣故。

摯愛的爺爺、無可取代的孩子，要是被年糕噎住，該怎麼辦才好？即使打119也來不及，在救護車來到之前當事者就會窒息而死。

冏時刻的脫身法則

以手掌用力拍打背部

如果有人被年糕噎到，就令他身體往前屈，然後用一隻手扶住他，另一隻手將他的下顎往前突出，再要他用力咳，這時候以手掌用力拍打他的背部。這麼一來，年糕就會從他的喉嚨掉出來，這時再用手指伸進口中取出即可。

還有一種方法是，從後方抱住患者，兩手扣在患者胸骨中央突起處，像擠東西似的快速壓迫，這麼做也能令卡在喉嚨裡的年糕掉出來。

記住這些方法，萬一家中有人發生類似意外時是非常有用的。

被診斷出罹患癌症，而且只剩三個月壽命

人生何時會落幕我們無法事先得知，但是每個人都以為這種事暫時不會發生在自己身上。這麼說雖然沒有根據，但似乎也可以說，人類就是這麼悠哉的認為，才能夠安穩的過日子吧？

雖然我們永遠不知道明天會如何，但人生必定會走向終點。這樣的常識雖然大家都明白，但在無意識之下總會覺得人生似乎是無窮盡的。人生自古誰無死，但不是現在，我還有很多時間，人們總是一個勁的這麼以為。

然而，也許某一天，你會突然被宣布人生的最後期限。我們就生活在這樣的時代。

這麼說是因為現在如果發現罹癌，都會直接告訴病人真正的病名、治癒率、復發率及病期，甚至連預估剩餘壽命都會告知，這已經成了常態。

現在已經是會告知罹癌病人本人真相的時代，會要求病人本身必須明白病情並對這件事情有所認識。

仔細思考該怎麼做之後再作決定

那麼，突然被醫師宣告只剩下三個月至半年壽命的時候，該如何是好？

首先就是該如何治療的問題。醫生之所以會說只剩下三個月或六個月的壽命，是因為判斷疾病已無法治好的緣故；告知一年後的存活率、兩年後的存活率只有一〇%或二〇%，也是基於同樣的原因。雖然是依據現代醫學的標準所作的判斷，但是存活率只有一〇%的話，要不要繼續治療呢？

現代醫學會進行標準的治療方法，然而，報告也顯示，大都市的癌症專門醫院和地方醫院其治癒率有很大的差別。

也有些醫療機構採行正統療法之外的特殊療法，更有進行替代療法的醫院，也有採針灸或中藥等輔助療法的。

也許有幫助，但也只能試了才知道，就完全交給醫院嗎？還是要放棄治療？

突然被診斷出罹患癌症，還被告知剩餘的壽命，任誰都會心慌意亂。然而，還是要先讓自己的心情冷靜下來，好好想清楚該怎麼做，再下決定。

姑且不論這些，有些醫師認為，反正人都難免一死，如果要因生病而死，得癌症其實是最好的。因為，癌症病人在某種程度上可以知道自己還剩餘多少日子，可以好好把人生做個總整理，在有所準備的情況下離開人世。

被宣告剩餘生命時無疑是人生的重大時刻，但是正面一點想，可以有時間整理自己的人生，也算是不幸中的大幸，有些醫師、知識份子和宗教家都這麼認為。

比癌症還糟的就是腦中風或心肌梗塞。特別是因為腦中風而倒下，但救回一命的情況。如果可以藉由復健，恢復到日常活動雖有不便，但生活還可自理的程度，那當然是很好；但如果因癱瘓而只能臥床的話，那還真是苦不堪言。

明明有意識，卻完全無法表達出來，這何嘗不是一種地獄。另外，即使接近痴呆狀態，人腦還是不會百分之百失去功能，還是多少能夠理解事物。

換句話說，如果腦細胞完全無法運作，人是無法生存的，所以，如果還活著就表示大腦多少還在運作。

就算想一死了之，卻連這樣的意志都無法表現的話，這又和地獄有什麼分別。

這麼想的話就會覺得，如果說和腦中風相較之下，因癌症過世反而比較好，倒也合情合理了。

第五章

在慾望盡頭面臨罔時刻

到風化場所玩，卻落入警方手裡

有相當多的男性對於涉足風化場所幾乎沒有危機意識，而只抱著只要不是非法經營的店就沒關係的想法。

然而，這種場所很多其實是遊走在法律邊緣。以為是家很安全的店就進去玩，哪知道玩到一半，警察突如其來的衝進包廂，大聲向店裡的小姐喝斥，「現在以違反社會秩序維護法逮捕妳！」並將她銬上手銬。接著警察又對著全身赤裸呆立在原地的你說道，「你也要來做筆錄，跟我到警局走一趟！」這下可傷腦筋了。

有老婆的人腦子裡急速迴轉著的念頭肯定是：「給老婆小孩知道就慘了。該不會被公司發現吧？」

問時刻的脫身法則

為了不讓妻子發現，謊稱是醉到不省人事才回來晚了

最具代表性的色情產業就是洗泡泡浴（soap land，日本特有的性服務，性工作者會以身體摩擦客戶，替對方抹上肥皂），因為提供服務的個別包廂中都附有特殊浴池，所以都領有許可證。實際上在日本政府核可的合法性服務產業當中，也很少有被檢舉違反日本性交易防制法的。

而在台灣，與管制性交易有關的法規為社會秩序維護法，其內容主要是關於色情營業場所的管理，以及對性工作者與交易關係中的第三者（皮條客、老鴇）的處罰條例，嫖客除非違反兒童及少年性交易防制條例的規定，與未滿十八歲之人發生性行為，否則並不受法律處罰。

買春的這一方僅需接受偵訊、製作筆錄，並不構成犯罪。偵訊時只要坦白回答即可，大約只需三、四個小時，就會放你回去。

問題是，偵訊期間不論想打電話給誰，警方都不會同意。對有家室的人而言，

因為不能與太太聯繫所以會相當困擾。晚上十點、十一點發生的事情，可能要搞到深夜兩、三點才能回家。

為了避免這類事情發生，在搭上警方的巡邏車或護送車時，可以打電話給較親近的人，請他幫你製造不在場證明。不過，這麼一來祕密就被朋友知道了，也可能反而讓太太起疑，恐怕會讓事情變得更複雜。

所以，還不如說是因為喝醉酒而不太舒服，所以睡了一下，等到回過神來時已經是這個時間了等等，編造這種普通單純的謊話來當藉口比較保險。

賓館失火了

終於得到心儀的酒店小姐首肯，可以帶出場了，或是跟外遇對象跑去賓館幽會，又或者只是偶爾想奢侈一下跑去住一流飯店，誰知道兩人正打得火熱時，火災的警鈴突然響起。失火了，慘了，有些時候也許還會被帶去警局問話呢。

在煙霧迷漫中，好不容易脫困了，但是身上穿的是飯店的睡衣。萬一被認識的人看到就糟了。若是大飯店的話，電視新聞還會跑來採訪。在飯店玄關避難的時候，萬一被鏡頭拍到那可不得了，真是緊要關頭啊。

囧時刻的脫身法則

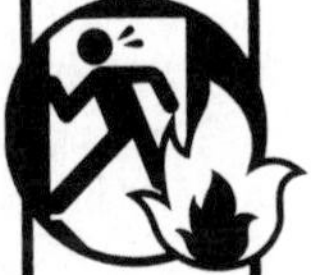

無論如何先盡速逃離現場再說

這個囧時刻該如何逃脫呢？

無論如何先出去再說。即使穿的是飯店的睡衣又打著赤腳，也得出去叫輛計程

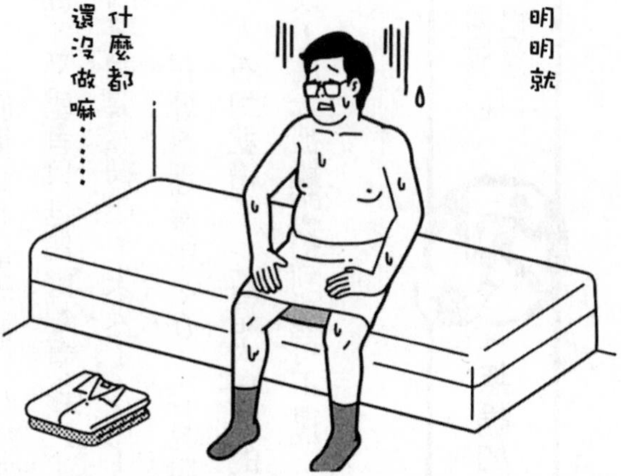

車及早離開現場，這點比什麼都重要。

如果是單身人士，就這樣直接回自己家或去對方家裡就可以了，已婚者的話還有另一道關卡要過。

逃生時若來得及帶衣服、鞋子出來，就可以在計程車上更換。

另一個方法就是直接去別家賓館。如果時間還充裕，兩人還可以再次纏綿。之後甚至還能裝作若無其事的樣子回家。

問題就在衣服沒來得及帶出來的情況。那副樣子可沒辦法回家。那麼該怎麼辦才好呢？只能跟老婆撒謊了。

例如，就胡扯說迷迷糊糊進了一家不良份子經營的酒吧，結果身上的東西都被扒光了。

「我跟A公司的B先生應酬，不知道還有

下一攤。後來進了一家沒去過的店，結果錢帶得不夠，全身都被扒光後就給扔了出來。」

「還好沒被扁，留下一條小命，算是走運了，就當上了一課。」等等，撒謊撒得徹底些，念念有詞的說著這些藉口，同時表情也要裝出很難為情、很後悔的樣子，就這樣矇混過去。

能不能騙得過妻子很難說，但如果不想被她知道真相，也只好硬著頭皮說謊到底了。

和女性下屬從賓館走出來時，遇到男性下屬

和女性下屬從賓館走出來時，被男性部屬撞個正著，這種事我還真的聽說過。真是搞什麼飛機，簡直太悲慘了，這是個囧時刻。這樣以後在公司就會失去威信，要是傳了開來，那該如何是好呢。在僵硬焦慮的表情背後，腦子裡早已飛快閃過這些念頭。

身為上司遇上這種囧時刻，該如何脫身才好？

實際上，比起在賓館，在大飯店幽會被人撞見的機會更高。如果是大飯店，和女性部屬在電梯裡被人撞見的話，因為上面的樓層還有酒吧或餐廳，還編得出藉口。

但有時是在客房專用電梯裡被撞見，這種情形就比較棘手了。只能說「因為有個客戶公司的老闆現在住在這兒，我們是去找他談公事。」像這樣以工作當作藉口。

相較起來，在賓館大廳被撞見的情形更加不利，但情況雖然險峻，還是有很多脫身的辦法。

冏時刻的脫身法則

跟對方說，「我幫你們拍照留念，快站在一起。」讓兩位部屬留下合照

首先，撞見你們的人自己也會心慌意亂，所以可運用趁虛而入法矇混過關。

比方說，趕緊讓兩個部下排排站，邊說留個紀念吧，邊用手機拍下兩人的合照。接著便說，「這張照片我該寄給誰呢？」

再這麼喃喃自語的話，就完美無缺了。如此一來，情況就變成兩個部下從賓館出來。當然兩人都會同時大喊：「經理！」對此，你只要微笑以對就可以了。

冏時刻的脫身法則

徹底裝傻

碰見你們兩人的男性部屬說了句「部長！呃，還有奈津子！」之後，就說不出話來了，這時你不要做任何反應，當作沒看到對方趕緊離開現場。因為也沒有證據，就可以當作沒這回事。如果男性部下在公司內爆料，一概否認就可以了。

囧時刻的脫身法則

捏造完全的謊言

捏造莫名其妙的說明或藉口也是一個辦法。

「我不知道賓館的玄關是什麼樣的設計，所以跑來參觀一下。」等等。還有，也可以編以下這種謊。

「我偷偷告訴你好了，聽說最近有越來越多的OL及主婦從事色情外賣或應召女郎，這種事你也知道吧？我們公司據說好像也有幾個女職員在做，所以我找了奈津子跟我一起來做內部調查。這是最高機密，只有我、某個董事，還有奈津子三個人知道而已。因為這件事有關人家的名聲，所以你千萬不能說出來，知道嗎？」

越是漫天大謊就越容易唬住人。為了謹慎起見，再加上以下這句話更好，

「這件事情要是公司內有誰知道了，我的立場就危險了。你也是一樣，所以你得給我牢牢記住這一點！」

撞見上司和女同事從賓館走出來！

下班之後，跑去常去的店裡一個人喝酒，在回家的路上，經過連接賓館街的路口時，看見一對男女攜手從賓館走出來。不知道該說是幸運還是倒楣。怎麼那麼巧，竟瞥見那男人的臉，這可不是自己的直屬上司嗎？跟他一起的女人是總務課第一美女。這下果真撞見不該見到的事了。

「怎麼會是你啊？山田，你為什麼會在這兒？」

上司很明顯的驚慌失措。怎麼辦？這位上司嫉妒心強，猜疑心也很重，要是認為自己被下屬抓住小辮子了，以後可能會設法整人。

這個冏時刻該如何脫身呢？

冏時刻的脫身法則

謊稱「我也是跟別人約在這家賓館見面。」

這種時候該如何因應才好？因為是當面撞個正著，也不能裝作沒看見。那麼該如何脫身才好？發揮臨場機智，用以下這種台詞當煙幕彈如何？

「課長，我也跟女朋友約在這家賓館啦。但是我的對象要保密，請不要告訴公司裡面的人。」

「拜託你了！」雙手合十，低頭請託。於是課長也因為得救了，應該會很高興的說，「我知道啦。不要緊的，加油喔。」然後就離去了吧。

也有以下這種辦法。

「課長，請不要告訴任何人唷。你知道我沒有女朋友嘛，所以我是想來找應召女郎的。」

如此謊稱，等於故意暴露自己的弱點，如此一來，就變成彼此握有對方的祕密了，課長也會因此放心許多，之後應該也不會欺負你，或是故意找碴了。

冏時刻的脫身法則

故意裝瘋賣傻說，「也讓我加入吧！」

故意開個玩笑、裝傻到底，也是一種脫身方法。

「咦？這不是課長和A小姐嗎？你倆真狡猾，兩人感情這麼好，我也要加入，來，一起去喝一杯吧！走吧！」

故意硬拖兩人一起去喝酒。

接著，臉上浮現一抹笑容，神情愉悅的說，「你們兩個是從什麼時候開始這麼要好的啊？告訴我吧，拜託囉。」然後做出洗耳恭聽的樣子。

接著用筷子當作麥克風，像電視播報員那樣，把麥克風遞到兩人面前也可以。

於是，他們兩人一定會覺得很尷尬，可能猜

不出你真正的意圖。課長也許會很生氣但仍保持威嚴的說，「你問這種事情到底想做什麼？」這時候你要話鋒一轉，苦著臉說，

「課長，這種狀況下遇見您跟A小姐，你也替我想想吧。課長和A小姐會覺得很尷尬，但是撞見你們的我又何嘗不是呢？除了裝瘋賣傻我還能怎樣？」

說完之後就閉上嘴，保持沉默即可。

課長不論回答什麼，你都不需要自己主動說出「這個祕密我一定會守住，絕對不說出去。」之類的話。

當場撞見同事外遇也一樣，只不過，當對方是自己的直屬長官和女同事時，情況就特別複雜。因為今後還是跟以前一樣，每天都得跟這兩個人見面，雖然彼此覺得尷尬，但為了緩和氣氛，裝瘋賣傻應該是一種有效的方法。

大喊，「哇！我看到一件好事囉。被我抓到小辮子了吧！」

看都看到了，也沒辦法了。因為這等於是抓到上司的弱點，若能在自己未來的職涯中善加利用，也是一種辦法。

比方說，撞個正著的那瞬間立刻大喊，

「我真是好運啊！看到好事囉！這下可逮到你囉！」然後一邊蹦蹦跳跳，一邊拿出手機，拍下兩人的身影如何？如果連賓館的價目表都一起拍下來，就更完美了。

課長也許會急著要搶下你的手機，這時一定要毅然死守。接著只要說一句「再見」就馬上離開現場。

就算是這樣應對，也算是替對方留住了面子，但若想拿著兩人的把柄當後盾，具體對兩人提出什麼要求的話，那就真的必須拍照存證了。

如果沒有那個意思，第二天起你和他們倆的關係就順其自然吧。相對於課長和那位女同事，你是處於優勢，若拜託他們做什麼事，他們應該都會接受。
只是，他們倆恐怕也有可能會想辦法排除你，這一點請務必小心。

被女上司強迫發生性關係

在現今職場上女性主管日漸增多。上司若是女性，男性職員在很多事情上都會不太好處理。女性通常比較感情用事、比較情緒化，也有以個人好惡判斷人事物的傾向。

還有，對於公司的慣例和默契也傾向不予理會。當然，有些女性主管比較沒有這些傾向，但也許只是沒有顯現出來而已。

另外，女性上司如果逼迫男性部下發生性關係，那麼部下該如何應對呢？想都不想，就開開心心的接受，固然很好，如果對於日後的工作生涯造成什麼不便，那也是自作自受，但既然也得到好處，就認了吧。

不過，如果認真考慮到日後的工作生涯，還是不要有這樣的關係為妙，但是拒絕的話又會讓對方沒面子，也想像得到，這對日後的工作可能會造成負面影響。

不過，對方若是既漂亮又有魅力的女性，男性基於本能又會心癢難耐，心頭千絲萬縷纏繞，或許會無法冷靜的判斷。唉，這該怎麼辦才好呢？太有女人緣的男人煩惱還真多！結果心裡竟暗自竊喜起來。不過，這可不是暗自竊喜的時候。

冏時刻的脫身法則

假裝醉到不省人事

這種求歡的話很少是在清醒時候說的，大都是酒酣耳熱之際，藉著酒意吐露出來的，也或者是真的醉了。

一般都是像這樣說的，「喂，○○，你覺得我怎麼樣？」藉此表達心意。

如果對方是美女上司，被這麼問的男性部屬心裡肯定會小鹿亂撞。如果是醜女，可能馬上就酒醒了，搞不好還會把吃下去的東西都吐出來也不一定。

然而，此時必須冷靜的面對。

如果要拒絕，那麼說出來的每一句話都要小心。例如，

「我真是開心哪。不過，像妳這麼能幹的上司又是美女，我恐怕配不上呢。」

這樣捧她一下。若對方還是說，

「這種職位高低我才不在意。我現在只是以一個女人的身分想跟你在一起啊。」

如果她這麼說，那又該怎麼辦呢？應該會陷入沉默而無法回答吧。

絕對不能傷害對方，所以唯一不會讓對方自尊受損的方法就是，喝它個爛醉如泥，或是假裝醉倒。

「被我崇拜的課長這麼說，真是高興啊！」

說著就猛灌酒，醉到很離譜的情況，醉到讓美女上司覺得「這樣實在無法下手」的程度，並且大發酒瘋。這麼一來，整個氣氛都破壞光了。

這種狀況必須要小心的就是，可別讓對方也跟你一起喝到爛醉，然後兩個人就不知不覺的跑去賓館過夜了。

悶時刻的脫身法則

謊稱是自己求愛失敗

總之，昨晚你已經拒絕女上司的邀約。如果讓上司顏面無光，就必須亡羊補牢，但是該怎麼做好呢？

方法就是隔天上班時，就在公司對同事說，

「我昨晚喝得酩酊大醉，結果好像不小心對〇〇上司說出『我好仰慕妳』這種像是追求的話，真是丟死人了。今天實在沒有臉跟她面對面。」

這樣若無其事似的說出來即可。

如果這位女上司在公司裡素來就有帥哥殺手的稱號，順便替她澄清一下更好。

「雖然一直都有〇〇小姐專挑帥哥部屬下手的傳聞，可是我想應該是沒這回事唷。昨晚我們被客戶勸酒，喝得相當多，可是她完全沒有那樣的態度。醉是醉了，但是我這個帥哥主動說出仰慕的話，她也都不為所動，而且還怕我受傷，很有技巧的拒絕我。」

這樣的傳聞會立刻在公司裡傳開，〇〇課長便會因此得救，身為部下的你也得以脫身。不只如此，將來還可能受到這位美女上司重用呢。

開心接受並善加利用，以幫助自己出人頭地

當然，當然，女上司都開口求愛了，這麼難得的機會，當然就老實不客氣的接受囉。

於是，就如俗諺所云，乾脆「一不做二不休，吃乾抹淨」關係就這麼維持下去。兩人關係穩定之後，你在公司內的地位也會變得穩固，如果為了出人頭地好好利用對方也是可以的，但如果這位女性在公司內或客戶那裡分量不夠的話，那就沒得說了。

兩人的關係若被同事發現了，在公司內的立場雖不能說一定不利，但是往往都是負面的影響居多。這麼做伴隨而來的風險，最好要有所認識。

被女同事到處亂傳「他硬要追我。」

男女之間的關係有其微妙之處。

兩人都明白彼此互有好感，於是便決定約會去。

男方想的是，今天是只要接吻就好，還是一口氣來個全壘打？並為了心裡所想的目的擬定戰術。女方也是，抱著期待，特意穿上性感內衣出門。

彼此的想法若是一致，事情應該就會很順利，但是問題在於，實際情況並不一定如此。

女方明明也很想去賓館，卻一點也不讓男方看出她的心思（女方認為男方看不出）。或者，男方想帶女方去賓館，卻在最後關頭，很意外的（？）說NO。就這樣，總覺得最後似乎有些不歡而散，這種事經常發生。

結果，誰知過了兩三天之後，

「山田先生硬要追求理惠，但追不到手。」

公司內開始流傳起這樣的傳聞，山田本人知道了之後非常驚訝，也很愕然。

（我根本沒有硬要追她呀，為什麼這麼說？）

為什麼呢？只能說，女人心複雜難懂，就如俗話所說的，「女人心如秋之空」、「女人心像貓眼」，總之是變化多端，無法一概而論吧。

冏時刻的脫身法則

從頭到尾保持緘默

有些女人向公司其他女同事昭告，說某位男性「對我展開追求」或「明明是第一次約會，卻硬要帶我上賓館。」之類的話，其實並不一定是為了毀謗，很多時候無非是想吹噓自己有多麼受男性歡迎。

況且，謠言是很可怕的。加油添醋便衍生出更多謠言，到後來控制不住，越說越誇張，結果發展成出乎意料的故事，誰也阻擋不了。特別是公司內部的男女情事大家都很關心，所以會誇大渲染開來。

要從這種情況全身而退，最聰明的就是保持緘默。因為即使辯解，也沒有人會理睬，連聽都不會想聽。如果謠言傳了開來，甚至被上司追問，也要不置可否比較

安全，並且要對上司說，

「不論我說什麼，都會對她造成困擾，所以我什麼也不能說。」

就這麼清楚明白的回答，把你果斷、毅然的態度貫徹到底就行了。

辦公室戀情伴隨著風險，這點古今皆是。沒有處理好的話，還會影響自己的評價，最糟糕的狀況就是導致某一方非辭職不可。所以不用說，無論是真心相愛或是一時的逢場作戲，最好都找公司外的對象會比較好。

搞外遇被看見，還被拍了照片以電子郵件流傳

和公司的女同事從賓館走出來時，被同事看見了，還被對方拍了照片，並以電子郵件散播開來。對方還很惡質、很巧妙的將發信帳號隱藏起來，以致根本無法得知誰是寄件者。

囧時刻的脫身法則

揪出幕後黑手，糾舉他

在照片流傳開之後，丟臉是無可避免的，這對上班族來說自然是負面的影響。然而，對方所做的事情雖然不犯法，卻是毀損他人名譽的卑劣行為。如果使用的是公司的電腦，就算是把公器做私人用途，也違反了公司的規定。

每家公司都會制定關於電腦使用的規則。如果有的話，只要提出申訴即可。請人替你揪出幕後黑手，讓他接受公司處分。

另外，如果公司沒有設計這樣的系統，也可以拜託電腦技能較強的人幫你。為這件事晚上哭著入睡的話，只會使對方更得意囂張。

因為陰道痙攣而劇痛

在做愛做的事達到高潮時，女性若出現陰道痙攣，那還真是一種慘劇。男方會疼痛難忍，更可怕的是，萬一拔不出來，該怎麼辦？因此雙方都陷入恐懼不安之中。

「為什麼會這樣？」

「不知道啊。不過不是我的錯，都是你不好。」

「妳說什麼？我做錯什麼了？」

其實陰道痙攣只要注射肌肉鬆弛劑就可以輕鬆治癒。只是，就這樣一起被送進醫院的話，實在太丟臉了，寧死都不肯。

冏時刻的脫身法則

讓女方的情緒穩定下來

在這個冏時刻該怎麼辦呢？

這種時候別急著歸咎責任，也不要互相咒罵，應該讓彼此鎮定下來，冷靜的處理。放輕鬆也是很重要的，能放得進去的東西，不可能拔不出來。

男人應該對女人說，「別擔心。只要冷靜下來耐心等待，很快就能拔出來了。」

像這樣安撫，使女性的心情平靜下來，據說只要一個小時，痙攣多半就能自然痊癒，男生就可以「脫身」了。

陰道痙攣被認為容易發生在有過心靈創傷等精神疾病的女性身上。

痙攣有真性也有假性的，若是真性的，只要接觸外陰部或陰道就會使陰道肌肉收縮，即使有慾望也無法有性行為。如果是插入之後才引起陰道痙攣，就不可能自然痊癒，只好注射肌肉鬆弛劑。

而若是假性的狀況，通常比較容易發生在突然遭遇精神打擊的情況下。放鬆心情、穩定情緒後就能自然痊癒的多屬這一類。按摩肛門或臀部據說也很有效。

外遇或偷腥時當場被逮

妻子或女友找到偷情現場來，被她撞見同床共枕的樣子。因為鐵證如山，逃無可逃。然而，自古以來，世間男子總是能以各種藉口，企圖從這個關鍵時刻逃脫。

到這種地步，只有承認或不承認兩條路可選。

如果選擇認錯道歉，卻仍不能獲得原諒，就努力說服。

「那個女人好壞。很大膽主動的接近我。因為我不好意思拒絕，才跟她交往，我對她不是認真的。我心裡愛的只有妳一個，我發誓。彩子，妳相信我吧！」

就這麼表演一下，然後哭著道歉。

如果選擇不承認，就找藉口扯謊扯到底。男人總有他任性自私的大道理，不過，以女方來說，也有人認為「就算當場抓到也要否認到底，才不至於讓自己的處境太悽慘」，因為覺得「就算是說謊也好，還是不希望男人承認」。當然，並非所有女性都這麼想。

另外，如果正打算和妻子或女友分手，那就承認好了。但是一旦承認外遇，到時候萬一要支付妻子贍養費的話，會處於不利的地位，因此也有人抵死不招。

冏時刻的脫身法則

堅持自己是在照顧對方

不想離婚，也不想承認。覺得不承認對兩個人（自己和妻子）比較好，那就只有斷然否認，但是該用什麼遁辭好呢？有個最經典的藉口。

兩人正在床上時，妻子突然破門而入，

「你在做什麼？這下被我當場逮到，看你怎麼逃！」

聽到妻子如此咄咄逼人之時，你可以說，

「不是啦，因為她身體不舒服，她說很冷，我就幫她搓搓肚子，幫她取暖啦。」

這分明就是天大的謊言，但只要一直堅持這麼說，確實有些女友或妻子的憤怒會稍微平息一些。

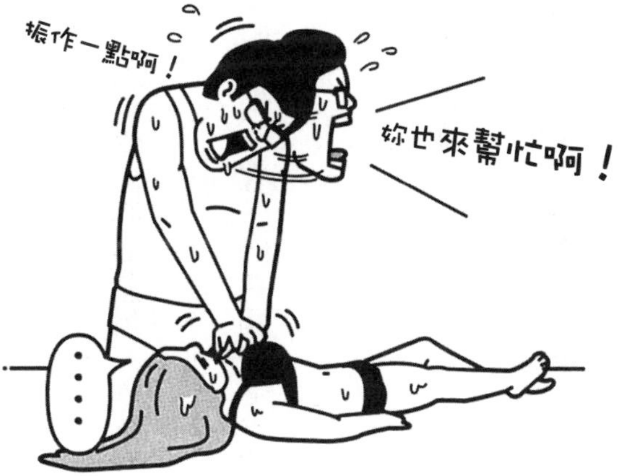

被妻子碰見自慰的場面

最近持續加班真的身心俱疲了。這時候不知為什麼突然覺得心癢難耐、慾望燃燒。

於是，在自己房間裡看著成人雜誌一邊自慰，這時喀鏘一聲，門打開了。光著下半身回頭一看，妻子正雙手抱胸直挺挺的站在那兒。

「你在做什麼啊？」

丟臉死了！竟然被看見這麼難堪的場面。這時候該怎麼辦？

冏時刻的脫身法則

叫老婆也加入

男人即使有了女友或老婆，還是會自慰。女性好像即便有了老公或男友，也一樣會自慰。

為什麼呢？

原因很多。

年輕男子的最大理由就是精力過剩。有女友，也定期做愛，但還是覺得不滿足。因為和伴侶的性生活一成不變或缺乏性生活而自慰的男性也有。

女性的話，即使有穩定的性伴侶，也不一定能獲得滿足。因為達不到高潮，就把沒有完全燃燒的部分藉由自慰燃燒殆盡。

姑且不論理由為何，萬一被看見自己不堪的一面，該如何脫身才好？

其中之一便是，叫妻子也一起加入。

「自慰是很深奧的。這和兩個人的性行為不同，我從中學時候就研究到現在了。妳也一起來吧。」

這種方法對於也會自慰的妻子而言是沒用的，但也許她會出乎意料的坦白說，「是嗎？那我也也來試試看吧！」也許會喔。

囧時刻的脫身法則

編藉口說，「我是為了讓妳更幸福才進行祕密訓練的。」這種藉口也是有用的

「其實我有點早洩。每次總是我先高潮，對妳真是不好意思。所以，當我聽說自慰可以治療早洩，就想訓練自己，才會進行祕密特訓。」

女友或妻子無論信或不信，這種理由都沒有錯。

喝醉後跑去嫖妓，結果擔心會染病

男人一喝醉，就想找女人。

心癢難耐，所以，以前的女友也好，醜女也好，誰都好，只要可以發洩都好。沒有對象的時候，就去洗泡泡浴或嫖妓。

然而，男人這東西，只要能好好發洩，慾求滿足了，便會恢復正常。然後可能就會後悔了。

若是沒有戴保險套的話，就會開始擔心會不會染病。

悶時刻的脫身法則

性行為後套上袋子小便

如果沒戴套子進行性行為，又怕會罹患性病，倒是有一個辦法。

那就是從以前就流傳下來的套袋小便法。這個方法是把陰莖的皮拉開，套在龜頭上，用指頭捏著前端當成袋子，在這種狀態下排尿，袋中會一瞬間累積許多尿液。然後放開捏著的手指，再一口氣尿完。

這麼做，會使附著在陰莖周圍的細菌都被沖洗掉，也就是類似淋浴的方式把細菌洗淨。

順帶一提，如果有包皮，就可以直接把包皮當成袋子。

這個方法是前人傳承下來的經驗，究竟有沒有預防性病的效果，由於沒有經過臨床實驗，所以不得而知。

喝醉後和男人上了床，很擔心會懷孕

女性當中也有人會在喝醉酒時突然慾火焚身，所以，才會有些男人約女人出去，總愛帶到氣氛好的店裡，想盡辦法讓女人喝醉。

總而言之，在喝醉之後和陌生男人上了床，隔天醒來想起昨晚並沒有戴保險套，突然很在意是否會懷孕。

唉，怎麼又來了？我真是個糟糕的女人啊。

冏時刻的脫身法則

服用特殊藥丸

雖然擔心會懷孕，但是為時已晚。

說到對策，其實有一種在性行為後四十八小時內服用的事後避孕藥。另外，懷孕七週之內也有口服的墮胎藥（如RU486）。

不過，這兩種藥物在日本都是禁藥，只能藉由個人進口的形式買到手，也可跟網路上代為進口的賣家購買（在台灣，RU486必須在婦產科醫師的指示下才能使用）。如果一喝醉就慾望高升，又不敢明白要求男人戴保險套的女性，不妨買來隨身攜帶比較好。

只是，這些藥物都有副作用，還是先有一些認識比較好。

在公司裡搞外遇，結果老婆鬧到公司來

搞外遇萬一被老婆知道，就會引發爭執，最糟糕的狀況就是走向離婚或導致家庭破碎。

發現丈夫和公司的女職員發生外遇，妻子突然跑到公司找該女職員對峙，目露凶光、大罵「妳這隻狐狸精！」──公司裡整個呈現兵荒馬亂的狀態。若妻子顯然正在懷孕中，就更像電視劇的劇情了，但其實現實人生比電視劇更精彩萬分啊。

事實上這種狀況以前就經常發生，現在也偶有耳聞。也有那種有婦之夫和單身女職員搞婚外情，而且這個男人很有女人緣，同時也跟其他女職員有關係，結果三方交鋒，引發一場大混戰的案例。

總之趕快逃離現場

妻子跑到公司來大吵大鬧，該怎麼辦呢？這個冏時刻該如何逃脫呢？

如果介入妻子和外遇對象之間，要她們雙方冷靜下來的話，恐怕會引起更大的混亂，只會讓自己更加難堪而已。

即便對上司哭訴，上司應該也只會說，「自己的事情自己解決。」完全不會理會吧。

如果上司介入平息事端，今後你在他面前也將永遠抬不起頭來。

那麼說到該怎麼辦，如果自己毫無羞恥之心的話，旁人如何評論也就不會在意了，所以只有不負責任的先閃再說。

妻子是為了向外遇對象興師問罪才找上門來的，目標並不是丈夫。因此，就讓她們倆自己看著辦吧，當天就趕緊早退離開。

接下來的問題就是如何收拾殘局，看是要離婚跟外遇對象再婚，還是要離開外遇對象回到妻子身邊，就由你選擇了。

不小心得了性病，而且可能已經傳染給妻子了

在外面玩得太過火，結果染上性病，還不小心傳染給伴侶，這種事情從以前就有過。

一旦知道得了性病，首先會懷疑是否已經傳染給伴侶，一般男性都會有這種想法吧。

冏時刻的脫身法則

騙對方說那是健康食品，讓她吃下抗生素

那麼該怎麼辦才好呢？對策會因性病的種類而有所不同。

如果是愛滋或梅毒、淋病等，可不能隱瞞，只能坦白告訴對方，並且必須勸妻子去接受檢查。

只是，即使是淋病，若仍在疾病初期，就可以將醫師開的處方藥物（大部分是

抗生素）胡謅說是什麼健康食品之類的，讓妻子吃下，有時候這樣就會治好了。如果是披衣菌之類的感染，感染初期吃抗生素也是有效的。

發生性行為的時候一定要戴上保險套，這樣應該就可以避免傳染給妻子。

問題在於，如果準備要生小孩的話。要戴套子時，妻子肯定會很驚訝，這種時候這樣講就好了。

「老公，不是說好準備要生小孩了嗎？為什麼要戴套子？」

「嗯，我在想是不是延後一年比較好？」

「為什麼要延後？」

「總覺得這樣做比較好。」

就這樣帶過去即可。

在女性的外遇、偷情或援助交際氾濫的今日，女性感染性病的案例自然也增加了。

如果不是丈夫，而是妻子在外感染性病，也有可能會傳染給丈夫。

所以，妻子如果拿出一顆藥丸對你說，「這吃了對身體健康有好處，趕快吃吧。」其實也有可能是治療性病的抗生素吧？

在捷運中突然想吐

喝了酒之後會噁心想吐，這種狀況誰都有可能發生，但這情況若是發生在捷運中呢？

吐出來的穢物噴得滿地，或者差點就吐在別人身上，這種事實在是非常難看。

喝到爛醉如泥，大腦完全不受控制，所以也有可能在無意識的狀態下嘔吐。

不過，如果沒有醉到那個程度，就可以靠意志力控制，想辦法讓自己不要吐。

若是越來越想吐，實在忍耐不住，那就真的是遇上冏時刻了。

冏時刻的脫身法則

吐在包包或塑膠袋中

這個冏時刻該如何逃脫才好？

只要不是末班車，就立即在中途下車。然後跑去廁所吐出來。如果來不及的

話，就只好吐在柱子旁邊。吐出來，感覺會舒服許多，如果時間和心情還有餘裕，就去跟站務員借清水和打掃用具，自己清掃乾淨。

萬一吐過一次還想再吐的話該怎麼辦？一搭上捷運搖晃個幾下，又突然想吐了。如果到末班車之前還有時間，就在月台上的椅子休息一下，等到已經沒有想吐的感覺了，就可以繼續搭車。

最糟糕的就是末班車的情況。若下了捷運，就只能搭計程車回去，那可是很花錢的，所以想下車又不能下車。雖然覺得有點危險還是上車了，但萬一真的壓抑不住嘔吐感，該怎麼辦呢？

如果手上有包包或塑膠袋，就吐在裡面，報紙也可以，總比吐得滿地好一些。

上高級酒店消費，發現女兒竟在那裡上班

到熟悉的，或者是偶爾會去、甚至第一次去的酒店消費，結果竟然撞見自己的女兒在那裡上班，這種案例實際上曾發生過。這種情況對父親而言是冏時刻，對女兒來說也是，究竟雙方該如何脫身呢？

冏時刻的脫身法則

當作是兩人之間的祕密

如果是自己先發現女兒的話，就算幸運了。無論如何，在女兒發覺之前先奔離店裡就好。

然而，若是兩人面對面碰上且彼此同時發現的情況，又該如何是好呢？

「這位是我們的新人。」穿著黑西裝的男人介紹兩人認識，「我是綾香。請多指教喔！」那位小姐笑臉迎人的跟你打招呼時，才發現竟是自己的女兒，彼此都嚇

得說不出話來！

這種尷尬時刻是無法脫身的，只能說「突然想起有急事」然後趕緊離開。或者乾脆將錯就錯，把她當成一個小姐點她坐檯，然後兩人好好談一談，這也是一個辦法。

只是，談完之後必須囑咐女兒，

「這件事不要告訴妳媽媽。」

指責她瞞著父母當酒店小姐，是最糟糕的處理方法。

「爸爸你自己還不是瞞著媽媽跑到這種地方來玩？不要裝得那麼道貌岸然。」

女兒這麼頂嘴的話反而糟糕。

這種案例還不只發生在高級酒店，也有人在風化場所遇到親生女兒。在交友網站上和網友交換Email，後來雙方決定要約會，見面時才發現對方是自己女兒，這種案例實際上也發生過。

光是碰面彼此都覺得可恥，所以若遇上這個尷尬時刻，也只能說雙方彼此都要好好反省覺悟吧，沒有脫逃的辦法。

國家圖書館出版品預行編目資料

脫離「冏」職場不卡關,小資生活永保安康 : 上班族必學!化解尷尬維持好印象,才能留下老闆的面子、客戶的金子! / 門昌央作 ; 張婷婷譯. -- 初版. -- 新北市 : 智富, 2014.04
面 ; 公分. -- (風向系列 ; 74)
ISBN 978-986-6151-61-3(平裝)

1.成功法 2.生活指導

177.2 103003258

風向 74

脫離「冏」職場不卡關，小資生活永保安康：
上班族必學！化解尷尬維持好印象，才能留下老闆的面子、客戶的金子！

編　　著／門昌央
譯　　者／張婷婷
主　　編／陳文君
責任編輯／石文穎
插　　圖／千野エー
封面設計／鄧宜琨
出 版 者／智富出版有限公司
發 行 人／簡玉珊
地　　址／(231)新北市新店區民生路19號5樓
電　　話／(02)2218-3277
傳　　真／(02)2218-3239（訂書專線）、(02)2218-7539
劃撥帳號／19816716
戶　　名／智富出版有限公司
單次郵購總金額未滿500元（含），請加50元掛號費
世茂官網／www.coolbooks.com.tw
排版製版／辰皓國際出版製作有限公司
印　　刷／長紅印刷事業有限公司
初版一刷／2014年4月

ISBN／978-986-6151-61-3
定　　價／240元